coleção  primeiros passos 171

CB052439

Suzana Albornoz

O QUE É
TRABALHO

editora brasiliense

Copyright © by Suzana Albornoz, 1986
Nenhuma parte desta publicação pode ser gravada,
armazenada em sistemas eletrônicos, fotocopiada,
reproduzida por meios mecânicos ou outros quaisquer
sem autorização prévia do editor.

Primeira edição, 1986
6ª edição, 1994
10ª reimpressão, 2014

Diretora Editorial: *Maria Teresa B. de Lima*
Editor: *Max Welcman*
Diagramação: *Digitexto Serviços Gráficos*
Capa e ilustrações: *Waldemar Zaidler*
Revisão: *Karin Oliveira*

Dados Internacionais de Catalogação na Publicação (CIP)
(Câmara Brasileira do Livro, SP, Brasil)

Albornoz, Suzana
     O que é trabalho / Suzana Albornoz. - - São Paulo: Brasiliense,
2008. - - (Coleção Primeiros Passos; 171)

8ª reimpr., da 6ª ed. de 1994.
ISBN 978-85-11-01171-5

1. Trabalho I. Título. II. Série

06-0159   CDD-331.01

Índices para catálogo sistemático:
1. Trabalho 331.01

editora brasiliense ltda.
Rua Antônio de Barros, 1839 – Tatuapé
CEP 03401-001 – São Paulo – SP
www.editorabrasiliense.com.br

Sumário

O QUE A PALAVRA TRABALHO SIGNIFICA 7

O QUE O TRABALHO TEM SIDO. 15

O QUE O TRABALHO ESTÁ SENDO. 25

DO QUE SE TEM PENSADO SOBRE O TRABALHO. 43

O QUE O TRABALHO NÃO É 79

O QUE O TRABALHO AINDA NÃO É, MAS PODE SER . . .97

INDICAÇÕES PARA LEITURA. 101

SOBRE A AUTORA 103

Para alunos e professores de Santa Cruz do Sul,
Para a nova universidade que nasce de sua inquietação.

O QUE A PALAVRA TRABALHO SIGNIFICA

Caro leitor, abandone a ilusão de encontrar neste livro todo o saber sobre o trabalho humano, esta atividade determinada e transformadora tantas vezes penosa e contudo necessária. Esta coleção nada mais lhe promete senão primeiros passos. Alguns passos em busca da compreensão do trabalho, que você poderá empreender depois, por sua própria conta e risco. Este texto não se pretende mestre, mas instrumento.

Será mais fácil envolver nesta reflexão aqueles que têm a experiência concreta do trabalho, seja lá qual for. A união de teoria e prática é um ensinamento sábio. Melhor poderão julgar do acerto ou erro dos juízos aqui emitidos os que são ou foram trabalhadores. Contudo, os que não o puderam ser ou ainda não são trabalhadores não estão esquecidos. Conto com vocês – jovens, mulheres sem emprego, estudantes, para completar, criticar ou levar adiante a pesquisa apenas iniciada.

Na linguagem cotidiana, a palavra trabalho tem muitos significados. Embora pareça compreensível, como uma das formas elementares de ação dos homens, o seu conteúdo oscila. Às vezes, carregada de emoção, lembra dor, tortura, suor do rosto, fadiga. Noutras, mais que aflição e fardo, designa a operação humana de transformação da matéria natural em objeto de cultura. É o homem em ação para sobreviver e realizar-se, criando instrumentos, e com esses, todo um novo universo cujas vinculações com a natureza, embora inegáveis, se tornam opacas.

Em quase todas as línguas da cultura européia, trabalhar tem mais de uma significação. O grego tem uma palavra para fabricação e outra para esforço, oposto a ócio; por outro lado, também apresenta pena, que é próxima da fadiga. O latim distingue entre *laborare*, a ação de *labor*, e *operare*, o verbo que corresponde a *opus*, obra. Em francês, é possível reconhecer pelo menos a diferença entre *travailler* e *ouvrer* ou *oeuvrer*, sobrando ainda o conteúdo de *tâche*, tarefa. Assim também *lavorare* e *operare* em italiano; e *trabajar* e *obrar* em espanhol. No inglês, salta aos olhos a distinção entre *labour* e *work*, como no alemão, entre *Arbeit* e *Werk*. *Work*, como *Werk*, contém a ativa criação da obra, que está também em *Schaffen*, criar, enquanto em *labour* e *Arbeit* se acentuam os conteúdos de esforço e cansaço.

Em português, apesar de haver *labor* e *trabalho*, é possível achar na mesma palavra *trabalho* ambas as significações: a de realizar uma obra que te expresse, que dê reconhecimento social e permaneça além da tua vida; e a de esforço rotineiro e repetitivo, sem liberdade, de resultado consumível e incômodo inevitável.

No dicionário aparece em primeiro lugar o significado de aplicação das forças e faculdades humanas para alcançar determinado fim; atividade coordenada de caráter físico ou intelectual, necessária a qualquer tarefa, serviço ou empreendimento; exercício dessa atividade como ocupação permanente, ofício, profissão.

Mas *trabalho* tem outros significados mais particulares, como o de esforço aplicado à produção de utilidades ou obras de arte, mesmo dissertação ou discurso. Pode significar o conjunto das discussões e deliberações de uma sociedade ou assembléia convocada para tratar de interesse público, coletivo ou particular: "Os trabalhos da assembléia do sindicato tiveram como resultado a greve". Pode significar o serviço de uma repartição burocrática, e ainda, os deveres escolares dos alunos a *serem* verificados pelos professores. Como pode indicar o processo do nascimento da criança: "a mulher entrou em trabalho de parto".

Além de atividade e exercício, trabalho também significa dificuldade e incômodo: "aqui vieram passar trabalho"; "a última enchente deu muito trabalho". Pois junto a todas as suas significações ativas, *trabalho* em português, e no plural, quer dizer preocupações, desgostos e aflições. É o conteúdo que predomina em *labor* mas ainda está presente em *trabalho*.

Isso se compreende melhor ao descobrir que em nossa língua a palavra *trabalho* se origina do latim *tripalium*, embora outras hipóteses a associem a *trabaculum*. *Tripalium* era um instrumento feito de três paus aguçados, algumas vezes ainda munidos de pontas de ferro, no qual os agricultores bateriam o trigo, as espigas de milho, o linho, para rasgá-los e esfiapá-los. A maioria dos dicionários, contudo, registra *tripalium* apenas como instrumento de tortura, o que teria sido originalmente, ou se tornado depois. A *tripalium* se liga o verbo do latim vulgar *tripaliare,* que significa justamente torturar.

Ainda que originalmente o *tripalium* fosse usado no trabalho do agricultor, no trato do cereal, é do uso deste instrumento como meio de tortura que a palavra trabalho significou por muito tempo – e ainda conota – algo como padecimento e cativeiro. Deste conteúdo semântico de *sofrer* passou-se ao de *esforçar-se, laborar* e *obrar.* O primeiro sentido teria perdurado até inícios do século XV; esta evolução de sentido se teria dado ao mesmo tempo em outras línguas latinas, como *trabajo* em espanhol, *traballo* em catalão, *travail* em francês e *travaglio* em italiano.

No dicionário filosófico, você poderá encontrar que o homem trabalha quando põe em atividade suas forças espirituais ou corporais, tendo em mira um fim sério que deve ser realizado ou alcançado. Assim, mesmo que não se produza nada imediatamente visível com o esforço do estudo, o trabalho de ordem intelectual corresponde àquela definição tanto quanto o trabalho corporal, embora seja este que leve a um resultado exteriormente perceptível, um produto concreto ou uma mudança de estado ou situação.

Todo trabalho supõe tendência para um fim e esforço. Para alguns trabalhos, este esforço será preponderantemente físico; para outros, preponderantemente intelectual. Contudo, parece míope e interesseira esta classificação que divide trabalho intelectual e trabalho corporal. A maioria dos esforços intelectuais se faz acompanhar de esforço corporal; uso minhas mãos e os músculos do braço enquanto datilografo estas páginas, que vou pensando. E o pedreiro usa sua inteligência ao empilhar com equilíbrio os tijolos sobre o cimento ainda não solidificado.

O trabalho do homem aparece cada vez mais nítido quanto mais clara for a intenção e a direção do seu esforço. Trabalho nesse sentido possui o significado ativo de um esforço afirmado e desejado, para a realização de objetivos; onde até mesmo o objetivo realizado, a obra, passa a ser chamado trabalho. Trabalho é o esforço e também o seu resultado: a construção enquanto processo e ação, e o edifício pronto.

Para muitos, o que distingue o trabalho humano do dos outros animais é que neste há consciência e intencionalidade, enquanto os animais trabalham por instinto, programados, sem consciência. Ainda há pouco se dizia que a utilização de instrumentos era característica exclusiva do trabalho do homem; hoje, sabemos que, embora de modo muito rudimentar, também outros antropóides se podem valer, por exemplo, de um galho de árvore para fazer cair um fruto. Temos aí intenção e instrumento. Sem dúvida, a utilização de instrumento e a divisão social do trabalho chegam no homem a graus de complexidade e sofisticação muito superiores aos encontrados entre outros animais.

Algo que definitivamente distingue o trabalho humano do esforço dos animais, embora para todos a primeira motivação possa ser a sobrevivência, é que no trabalho do homem há liberdade: posso parar de fazer o que estou fazendo, embora seja um servo, embora não me seja reconhecido o direito de greve, ou embora venha a sofrer por causa deste meu gesto. Posso também fazer meu trabalho de muitas maneiras diferentes, se a máquina não o programar assim como o instinto faz com os outros animais.

Natureza e invenção se entrelaçam no trabalho humano, em níveis diversos, da ação mais mecânica e natural à mais controlada e consciente. Natureza e cultura se encontram no labor do parto, no cultivo do campo, na modelagem da argila, na invenção da eletricidade; como na produção de vitaminas em comprimidos, na montagem de cérebros eletrônicos e no envio de astronaves à Lua.

Max Scheler, filósofo alemão do início do século XX que se preocupou com este assunto, distinguia três sentidos da palavra trabalho: o de uma atividade humana, às vezes também animal ou mecânica ("esta máquina trabalha bem"; "este burro faz um bom trabalho"); o de produto coisificado de uma atividade ("este quadro é um belo trabalho"; "este livro é um trabalho bem acabado"); e o de uma tarefa ou fim apenas imaginado ("resta-nos muito trabalho para fazer uma democracia no Brasil").

Mas a nossa linguagem diária não faz muitas distinções. Nem sempre diferenciamos o trabalho como atividade especificamente humana dos processos condicionados fisiologicamente e de fluxos mecânicos de movimento. Na linguagem científica, sim, aparecem as diferenças. Conforme as diferentes disciplinas das ciências naturais e sociais onde a palavra é utilizada, trabalho às vezes se distancia daqueles significados fundamentais do termo, que nos parecem transparentes em nossa linguagem comum.

Em física, por exemplo, *trabalho* é o nome do produto entre força e deslocamento que um corpo em movimento realiza no tempo. Já a fisiologia diz que um músculo realiza *trabalho*, embora não se possa supor aí nenhum objetivo consciente do músculo mesmo.

Em sociologia, quando se fala em *trabalho*, quase sempre se está no contexto da divisão do trabalho social, esquecendo-se o esforço feito no isolamento, com gratuidade, ou sem produto imediatamente aparente, como no caso do trabalho da mulher doméstica, dentro de sua casa.

De todos os modos, os estudiosos supõem que a história da palavra *trabalho* se refere à passagem préhistórica da cultura da caça e da pesca para a cultura agrária baseada na criação de animais e no plantio. Em alemão, por exemplo, a palavra *Arbeit* deriva do latim *arvum,* que quer dizer *terreno arável.* Já a significação que hoje é dada ao trabalho se refere à passagem moderna da cultura agrária para a industrial. Entre um e outro desses momentos, surgiram as distinções clássicas descritas com palavras diversas, como ocupar-se, produzir, fazer, agir, praticar. Talvez possamos formar uma idéia mais clara do que é trabalho se antes passarmos pela história da experiência que lhe corresponde.

O QUE O TRABALHO TEM SIDO

Acompanhe-me em uma viagem em alta veloci-
dade ao longo das diversas épocas da história das civi-
lizações; ou faça comigo um vôo em grande altura pelas diversas formas de produção ainda hoje existentes.
Aterrisso no meio da selva amazônica, no centro de
uma taba de índios ainda sem contato com a maneira
de vida e cultura dos brancos ocidentais. Que encon-
trarei? Um grupo de pessoas ligadas por laços de sangue
e sentimentos, motivadas por lendas, mitos, crenças e
conhecimentos comuns, e que provêm à sua subsistência por um esforço coletivo que obedece a determinada
ordem. De que modo sobrevivem? Colhem os frutos
das árvores; pescam os peixes dos rios; caçam animais
da floresta. Pescam e caçam o que der e vier, segundo
sua tradição. Observam os rituais dos antepassados e
fazem a festa onde consomem a caça e a pesca conse-

guidas. O que sobrar será jogado de volta no rio ou será consumido pelo fogo, que deixa de quando em quando uma clareira aberta no meio da mata.

O trabalho neste primeiro estágio da economia isolada e extrativa é um esforço apenas complementar ao trabalho da natureza: o homem colhe o fruto produzido pela árvore da mata virgem; extrai do rio o peixe que sobreviveu ao assalto das piranhas; mata para comer o animal que se reproduziu e cresceu dentro de seu grupo sem nenhum auxílio além de seus instintos. Não só o trabalho em si mesmo apresenta essa forma primitiva de complementaridade quase secundária ante a ação da natureza. Também a economia que o cerca aparenta uma simplicidade da qual nos esquecemos em nossas redes de produção modernas. Pois na tribo não há excedente – nem, portanto, o problema da acumulação de riquezas nas mãos de alguns.

Ao que tudo indica, no entanto, nas comunidades isoladas o trabalho serve apenas indiretamente à subsistência. É regido por um sistema de deveres religiosos e familiares. Assim, é precária e relativa a afirmação da simplicidade do trabalho tribal.

Como estágio consecutivo ao das economias isoladas, temos o tempo em que os homens inventaram ou descobriram a agricultura. A primeira forma de agricultura pode ter sido descoberta ao acaso. Quando um incêndio de floresta destrói a vegetação e expulsa a caça, as pessoas talvez tenham observado

O que é Trabalho   17

que as sementes cresciam nas cinzas. Assim, tornou-
se sistema regular limpar uma certa área de florestas
através da queimada.

Há também a suposição de que tenham sido as
mulheres quem tenha forçado o desenvolvimento inicial da agricultura, colaborando para a superação do
nomadismo dos povos caçadores. Suponha que em
determinado momento, esgotadas a caça e a pesca do
lugar, desejando a tribo seguir adiante em busca de melhores recursos naturais para sobreviver, algumas mulheres, grávidas ou com bebê ao colo, tenham-se dei-
xado ficar, negando-se a partir. Assim, teriam sentido a
necessidade de fazer uso do segredo da natureza que se
mostrava nos brotos surgidos das cinzas na clareira depois da queima. Por isso, seria comum encontrar-se em
povos primitivos uma tal divisão do trabalho: as mulheres plantando, os homens caçando, embora pesquisas
antropológicas mostrem que tal divisão não ocorre em
todas as culturas.

Desenvolvendo a agricultura, a engenhosidade
humana já perturba o equilíbrio da natureza. Desco-
brindo no plantio uma nova fonte de alimento para si e
seus filhos, os homens se multiplicam. A expansão nu-
mérica leva a conquistar novas áreas de floresta para o
cultivo. Como é necessário muito tempo para restaurar
a plena capacidade de cultivo de uma faixa de floresta,
a selva vai sendo destruída e transformada em mato
rasteiro ou terra de pastagens.

Junto com o trabalho do plantio devem ter surgido ao mesmo tempo a noção de propriedade e o produto excedente, ou seja, o produto não imediatamente consumido. Criam-se as condições para a existência de uma classe social ociosa. Se eu trabalho esta terra com as minhas mãos, minha aplicação e a força de meus músculos, tenho a sensação de que me pertence o grão dela colhido, resultado daquele meu empenho e dispêndio de força. Reivindicarei a posse ou o direito de domínio e determinação sobre o produto deste pedaço de terra que cultivei. Do que planto, como e alimento meus filhos. E se me sobra alguma coisa, levo-a para trocar com o vizinho: minha sobra de milho por sua sobra de trigo ou leite de cabra. Mas se o vizinho domina um território mais vasto, e as suas sobras superam as de toda a vizinhança, as nossas trocas se tornam desiguais e geram um novo excedente, de onde nossas relações se instalam na desigualdade.

A noção de propriedade se presta à polêmica e a distinções de natureza ética. De qualquer modo pode-se compreendê-la se a pensamos ligada ao trabalho, surgindo da experiência do esforço no cultivo da terra. Porém, passou-se muito tempo depois do início da prática do plantio e já se perdeu na memória dos povos o momento da origem do sentimento de posse. A propriedade, tal como se encontra em estágios posteriores da evolução econômica, justamente se destaca, se separa do trabalho, a ponto de estabelecer-se a desapropriação total de quem trabalha pelo suposto direito de propriedade do ocioso.

Um fato relacionado com essa evolução da propriedade e de sua separação do trabalho foi a prática da guerra. O povo conquistado na guerra freqüentemente permaneceu para trabalhar e entregar seus excedentes aos novos senhores. Ou pela guerra foram capturados escravos que vieram constituir a base da força de trabalho, ficando submetidos sob a categoria mais baixa da hierarquia social do povo conquistador.

Estudando o desenvolvimento econômico da Antigüidade e da Idade Média européia, é possível fazer observações que parecem adequadas ainda a períodos bem mais recentes da história da América Latina.

Conforme tempo e lugar, o país e a época, as terras podem ser trabalhadas por escravos, servos ou camponeses; e o excedente pode ser recebido por fidalgos independentes ou por funcionários de uma monarquia ou de uma potência imperialista. Mas as linhas principais das relações econômicas eram semelhantes: o excedente era consumido em parte para manter um aparato militar e em parte para sustentar o padrão de vida da classe ociosa. Do trabalho sobre a terra se origina a riqueza que vai incentivar o desenvolvimento do trabalho artesanal; ao mesmo tempo, se intensifica o comércio, uma vez que há excedentes tanto na agricultura como na criação de animais. E da primitiva troca em espécies passa-se ao comércio mediado pela moeda.

Na Antigüidade já se tem notícia de povos marcadamente dedicados ao comércio, como os fenícios. Por toda a Idade Média, que do ponto de vista político pode-se dizer que apresenta retrocessos históricos, a economia avança. O comércio e as manufaturas proporcionam uma fonte de riqueza que não depende mais diretamente da propriedade da terra, embora dependa indiretamente do gasto do excedente agrícola.

É assim que em centros disseminados pelo mundo – não só na Europa, mas da China ao Peru – desenvolveu-se uma burguesia: uma comunidade de habitantes de cidades que auferia uma renda das atividades comerciais e desfrutava de um grau de independência maior ou menor dos poderes feudais ou dos senhores de terra e da corte dos reis.

Os mais bem-sucedidos entre tais comerciantes empregavam trabalhadores – artesãos, carregadores, marinheiros, artistas, criados domésticos, e aos poucos se estabelece uma hierarquia baseada no dinheiro e um mercado onde os produtos agrícolas podem ser vendidos por dinheiro. Tais burgos, cujo surgimento na história medieval européia bem como na modernidade latino-americana é fácil de reconhecer e acompanhar, são o nascedouro desta classe – a burguesia, que ainda no mundo de hoje é a classe dominadora em nossas sociedades capitalistas, sendo quem determina em grande parte as formas pelas quais se realiza hoje o trabalho.

Nos mesmos centros urbanos em que crescera a burguesia – da classe dos mercadores ou artesãos enriquecidos, às vezes antigos servos da gleba do senhor feudal – e enquanto se acumulam riquezas e a circulação se intensifica, criam-se novas condições para o cultivo das artes assim como das ciências.

Entre as características da era moderna que a distinguem do passado está a aplicação da ciência à produção. Embora mantendo certa autonomia em relação às condições materiais, artes e ciências acompanham de perto o desenvolvimento econômico. A *performance* histórica da classe burguesa em seu momento criativo teria sido, pois, a idéia de aplicar à produção os conhecimentos sobre a natureza e os fenômenos físicos. Aplicar a ciência ao aumento da produção material, assim como hoje cada vez mais, nas sociedades contemporâneas, se aplicam conhecimentos das ciências humanas e principalmente da psicologia ao controle social.

Os lucros dessa iniciativa a burguesia ainda vem recolhendo hoje, quando classe envelhecida, à custa de muito sacrifício da qualidade do trabalho e da qualidade de vida dos trabalhadores.

O desenvolvimento do saber e sua aplicação tecnológica, e a busca de novas tecnologias levando a novo conhecimento, é um processo fecundo que só em parte é desinteressado e lúdico, pois também é movido por objetivos materiais evidentes. Os alquimistas buscaram a fórmula do ouro e o elixir da imortalidade, não só a pedra filosofal. Os pedreiros medievais desenvolviam alto saber de estática e dinâmica dos materiais com o fim de construírem as igrejas góticas, mas não só para louvor de Deus como também para a sua afirmação como grupo.

Depois de alguns séculos em que a colonização dos novos mundos descobertos carreara para a Europa riquezas consideráveis, e com a aplicação da ciência à produção, a expansão capitalista gerou o que se chamou de Revolução Industrial. Desde o início da era moderna podem-se reconhecer três estágios de desenvolvimento da tecnologia: O primeiro, da invenção da máquina a vapor, é a revolução tecnológica do século XVIII. O segundo estágio do desenvolvimento da tecnologia moderna, no século XIX, se caracteriza pelo uso da eletricidade, que ainda continua a determinar a fase atual do reino do artifício humano. A automação representa o estágio mais recente da evolução tecnológica: a invenção do computador, a revolução industrial do século XX, ou a *terceira onda* da Revolução Industrial.

Paradoxal é que no mesmo século em que construímos esse instrumento fantástico que é o cérebro eletrônico, as imensas possibilidades de um magnífico progresso de conhecimento, fruto de muito trabalho humano, se vão frustrar em uma tecnologia destrutiva da natureza e distanciada da felicidade dos homens. É o que Ernst Bloch – filósofo marxista judeu-alemão falecido em 1977, conhecido por sua nova interpretação das utopias e da esperança dos homens – chama de *moratória da técnica* no capitalismo: quando a técnica da qual a humanidade esperava a abundância e a felicidade, portanto, a paz, se aplica especialmente à indústria da guerra.

Os primeiros instrumentos da tecnologia nuclear têm a possibilidade de destruir toda a vida orgânica da Terra. Mas há quem sonhe também que no futuro, se até o momento a tecnologia consistiu em canalizar forças naturais para o mundo do artifício humano, ela se torne capaz de canalizar forças universais do cosmo para a natureza da Terra. A própria condição humana estaria, assim, se transformando pelos processos desencadeados pelo trabalho.

A tecnologia se expande; se nem sempre para melhor, acumula experiência e possibilidades. Por outro lado, é velho o sonho dos homens com uma terra abençoada onde não seja mais preciso trabalhar. O advento da automação coloca a possibilidade de uma humanidade liberta do fardo do trabalho, e talvez dentro de algumas décadas as fábricas pudessem estar vazias. A ociosidade, que tem sido tomada por privilégio de uma minoria, em futuro próximo poderia estender-se às grandes massas. Essa possibilidade não só coloca uma novidade muito estranha para a meditação e a ocupação de políticos e economistas, que teriam de providenciar o modo de sustento de multidões semi ou inativas, como também traz uma profunda questão de ordem existencial para os homens modernos em geral. Pois a realização do sonho da humanidade com o direito à preguiça chegaria quando a era moderna acabou de fazer a glorificação teórica do trabalho. O indivíduo moderno encontra dificuldade em dar sentido à sua vida se não for pelo trabalho. Segundo Hannah Arendt – pensadora alemã que trabalhou e escreveu nos Estados Unidos, e cujo pensamento criativo marca hoje fortemente a filosofia política –, cada vez mais temos uma alma operária. A sociedade que está por libertar-se dos grilhões do trabalho é uma sociedade de trabalhadores, que desconhece outras atividades em benefício das quais valeria a pena conquistar aquela liberdade. A possibilidade de uma sociedade de trabalhadores sem trabalho não aparece como uma libertação do mundo da necessidade, mas como uma ameaça inquietante. As massas contemporâneas seriam destituídas da única atividade que lhes resta. Talvez o Brasil possa aí dar lições ao mundo: carnaval, futebol, roda de samba; chimarrão, praia, rede e pescaria...

III
O QUE O TRABALHO ESTÁ SENDO

O trabalho hoje é um esforço planejado e coletivo, no contexto do mundo industrial, na era da automação.

Se nos países do Terceiro Mundo sobram regiões onde esses fatos parecem ainda realidades distantes, isso se deve antes à dificuldade que as pessoas têm para ver os fenômenos por seus sinais precursores, ou entender as possibilidades que se escondem, por vezes, sob a máscara de aparências não transparentes.

O capitalismo monopolista da segunda metade do século XX invadiu as regiões aparentemente marginais do Terceiro Mundo. O colonialismo cedeu lugar a um imperialismo econômico indisfarçável. Vivemos a época das organizações multinacionais. Cada vez mais grandes massas de contemporâneos passam a depender de organizações e de grandes empresas para o seu trabalho. Cada vez mais deixamos o trabalho autônomo por um emprego na organização, ou mesmo pelo desemprego ante a organização.

Ao processo moderno de industrialização das economias nacionais – realidade internacional – correspondem alguns fenômenos que lhe estão associados, seja como causa ou conseqüência, ou apenas como correspondente e fato simultâneo.

O crescimento demográfico e a urbanização são dois acontecimentos registrados pelas estatísticas e confirmados pela observação e vivência mais imediata. Do século XIX para cá, as populações se multiplicaram de forma assombrosa, ao mesmo tempo que se transferiam em massa do campo para as cidades.

Na Europa do ano 1800, eram raras as cidades de mais de 20 mil habitantes. Capitais como Paris contavam então apenas com centenas de milhares de habitantes. As metrópoles milionárias com as quais nos acostumamos são um fenômeno inteiramente novo. E o Terceiro Mundo é campeão na multiplicação dos convivas à mesa citadina. Uma São Paulo de quinze milhões de habitantes em pouco tempo pode bater um recorde, tornando-se um dos formigueiros humanos mais densos, isso num país como o Brasil, onde grandes extensões de terra são completamente inabitadas.

A corrida para as cidades se explica, em parte, pela natureza do trabalho industrial. Produzir em série e com o auxílio de máquinas significa produzir em

O que é Trabalho 27

centros onde essas máquinas estejam concentradas. O artesanato não exige a aglutinação dos trabalhadores do mesmo modo que o sistema industrial de produção. O homem do campo se dirige à cidade em busca de emprego nesta produção moderna, que lhe acena com promessas de um serviço menos arriscado e dependente da natureza do que o labor no campo, e com possibilidades de usufruir do bem-estar que as cidades se vangloriam de possuir, embora não o ofereçam a todos.

O crescimento notável das cidades em nosso tempo não se deve apenas ao aumento numérico da população em geral. O crescimento demográfico acontece, sim, a partir das novas conquistas da área da saúde, que trazem o controle de certas epidemias e possibilitam a redução da mortalidade infantil, das gestantes, das mães, etc. Ainda assim, em regiões pobres como em alguns estados do Nordeste brasileiro, se ostentam números tristes como o de 200 em cada mil crianças que morrem antes de atingir os cinco anos de idade.

Mas o crescimento das cidades também se deve às migrações, à necessidade de emigrar do campo por falta de uma boa distribuição de terra, ou à migração movida pela esperança que representa a integração no mercado de trabalho moderno e no modo de vida urbano.

A automação da lavoura, sem chances de sobrevivência da pequena propriedade rural muito subdividida, continua alimentando o êxodo rural, irmão gêmeo contemporâneo da chamada explosão demográfica. Ambos vão de mãos dadas com o desenvolvimento da indústria capitalista.

O termo *explosão demográfica* precisa ser revisto, pelo menos usado com cuidado. O que realmente ocorre é o aumento demográfico, uma elevação do crescimento populacional, em determinado momento do desenvolvimento urbano e industrial moderno. Esta curva ascensional da proporção entre nascimentos e mortes, contudo, nos países mais industrializados já apresenta a tendência oposta. Com o desenvolvimento pleno das condições urbanas de vida nas sociedades industriais, o número de nascimentos por família tende a diminuir, e supera-se o excesso demográfico sem necessidade de drástico controle da natalidade pelo poder público. Em países como a Alemanha e a França, por exemplo, já desde os anos 1940 pensam-se políticas de estímulo à natalidade. Na Alemanha de hoje, a cada ano nascem menos habitantes do que morrem.

Na América Latina, a concentração de grandes massas humanas em redor das cidades veio a dar-se antes mesmo da criação de suficientes lugares de trabalho na indústria. Também por isso o problema do trabalho e da sobrevivência aqui se apresenta com características muito mais complexas e dramáticas do que nos países centrais do mundo ocidental.

Por muito tempo nossas terras foram reservadas para alimentar com matérias-primas, fornecendo as riquezas do nosso solo, o desenvolvimento das manufa-

O que é Trabalho 29

turas e indústrias nos países da Europa. Nossos países eram mantidos, enquanto colônias, no papel autodestrutivo de monoculturas, grandes produtores de um único produto, fosse açúcar ou café.

Nos países centrais do capitalismo, os pólos fortes do sistema colonial e do imperialismo que lhe segue, a industrialização pôde ocorrer ao mesmo tempo, às vezes se antecipando à urbanização. Foi terrível a situação de exploração da classe operária na Inglaterra ou na França do século XIX; mas ela já teve tempo e condições para superar em grande parte aquela situação, e muito com o auxílio do esforço superexplorado da mão-de-obra dos países subdesenvolvidos, ricos de ouro – dourado, branco ou preto –, e pobres de pão e escolas.

Nos países europeus menos industrializados no século XIX – como a Alemanha e a Itália –, as elites dominantes usaram o expediente de exportar seus camponeses e artesãos (que sobravam) para a América, contornando assim o crescimento gigantesco das cidades.

Nessa altura do século XX, quando se dá a industrialização da América Latina, ela se faz tarde: as cidades já explodiram em milhões de habitantes. Isso sem o recurso à emigração, e sem a acumulação de riquezas vindas de colônias, que as colônias eram aqui mesmo. Ao contrário, as riquezas de nossos países foram continuamente exportadas para manter o desenvolvimento econômico e social dos países ricos – de solo mais pobre, mas que dominam as regras dos mercados mundiais.

É nesse momento da história do trabalho que nos encontramos. Se há pouco no chamado Terceiro Mundo não havia muitas indústrias, queimaram-se etapas, e hoje ele está em plena era da computação e da informática. O que a modernização, a indústria e a cidade ainda não trouxeram para os nossos países da América Latina foi a extinção da miséria, a saúde do povo, a felicidade das crianças, a justiça social – coisas que materialmente ela possibilita.

Para manter este estado de coisas em que cada vez mais pessoas precisam ser acomodadas, ou pelo menos controladas dentro de uma situação de desconforto, insatisfação, falta de espaço e de bem- estar, nada mais evidente que a carência não só de serviços urbanos cada vez mais numerosos e amplos, como também da organização e sofisticação do controle e da comunicação.

Por tudo isso, além dos aspectos positivos que possam ter e de fato apresentam os meios de comunicação de massas urbanos (de polêmico efeito cultural), vemos crescer como um polvo a burocracia, os órgãos controladores de cada vez mais aspectos da vida humana. Se nos habituamos com a produção em série de nosso vestuário, de utensílios e móveis domésticos, hoje também temos cada vez mais em série a educação e a saúde. Não mais só o trabalho se coletiviza: o lazer se torna um setor de produção industrial.

O que é Trabalho 31

Nesta cidade moderna onde se dá o nosso trabalho, salta aos olhos um dado novo, cujas conseqüências antropológicas, psicológicas e sociais ainda não acabaram de ser avaliadas pelos pesquisadores. Trata-se da separação entre lugar de trabalho e lugar de moradia. Enquanto o artesão fazia o seu sapato, a sua cerâmica, no mesmo recinto em que convivia com a família, o operário dos grandes centros da atualidade pode precisar de algumas horas de locomoção para perfazer a distância entre o seu bairro operário da periferia urbana e a fábrica confinada no circuito industrial. Os metrôs ultra-rápidos podem diminuir o tempo gasto para vencer grandes distâncias, mas não tornam o lugar de trabalho mais próximo da casa, da família, do lugar onde ficam ou ficariam as crianças. Esse fato toca de forma muito especial as mulheres, tradicionalmente encarregadas do cuidado e da alimentação dos filhos.

É uma ilusão imaginar que o trabalho das mulheres seja uma novidade histórica. As mulheres sempre trabalharam, e não só em serviços leves. A presença da força de trabalho feminina na agricultura, no artesanato, não havia levado ao mesmo questionamento e dúvida, porque esses trabalhos eram realizados pela família, em comunidade ou na solidão, mas dentro de casa, perto do lugar do convívio familiar, com os filhos ou junto deles.

A grande questão sobre o trabalho das mulheres se põe na era industrial. Não só porque o desenvolvimento da máquina torna irrelevante a diferença da força muscular entre o braço masculino e o feminino, e o sistema busca a mão-de-obra menos reivindicativa e mais tímida e submissa para manter mais altas as margens de lucro, mas também porque o engajamento na indústria afasta as mulheres de casa e da família.

A sociedade burguesa não parece facilmente disposta – embora aos poucos deva conformar-se – a arcar com as conseqüências daquela separação, providenciando equipamentos sociais coletivos para o cuidado e a alimentação dos menores: creches e refeitórios nos lugares de trabalho, escolas populares de dois turnos, etc. Em grande parte, esses serviços continuam hoje sob a responsabilidade das mulheres, mesmo que estas carreguem oito horas de jornada de trabalho nas fábricas, escolas e escritórios. Que existam menores abandonados perambulando pelas ruas, nessas circunstâncias, era bem previsível, e há muito tempo poderia ter sido evitado.

A separação entre os lugares de trabalho e de moradia, contudo, não é a única separação que caracteriza o trabalho atual. Na linha de montagem na fábrica, como nos corredores e seções especializadas dos labirintos burocráticos, separam-se as partes do processo de produção de um objeto, de um projeto. Cada trabalhador ou funcionário entenderá apenas de um minúsculo ponto do processo: apertará um parafuso; preencherá um tipo de requerimento. A especialização

Linha de montagem: a alienação do processo de produção.

no artesanato era ligada à pretensão de mais capacidade – a idéia era fazer apenas sapatos para fazer sapatos bons. Na indústria, a especialização chega a um ponto absurdo, em que ninguém percebe mais o alcance do seu trabalho porque não vê o conjunto da atividade em que o seu esforço se insere.

O trabalho é alienado do trabalhador porque o produtor não detém, não possui nem domina os meios da produção. A máquina à minha frente não fui eu que escolhi, e amanhã ou depois, se o diretor da firma fizer uma viagem ao Japão e resolver importar uma máquina nova inteiramente diferente desta, pode ocorrer que eu perca o meu emprego e o meu saber de produtor. Terei de passar por uma reciclagem violenta ou deixo de ter minha profissão, pois ela se liga ao meu conhecimento desta máquina à minha frente, que não é de minha propriedade e cujo destino não determino, embora domine parte do seu uso.

Por outro lado, produtor e produto estão separados. Se eu pinto o pára-choque metálico do automóvel, ou coloco o trinco na porta do carro, pode ser que eu ignore a cor do fusca em que o trinco ou o pára-choque vão exercer suas funções.

Certamente serei incapaz de reconhecer aquele trinco, aquele pára-choque, no salão de exposições em que dezenas de fuscas azuis ou vermelhos esperam comprador.

O que é Trabalho 35

Quando eu era uma costureira que fazia roupas artesanais para a comunidade da vizinhança, talvez tivesse já uma influência na escolha do modelo do vestido; recomendaria a fazenda, o estampado; levaria em conta o tipo físico da pessoa que vestiria a minha pequena obra. Esta é uma terceira alienação a que está submetido o trabalho na máquina industrial: há um corte entre produtor e consumidor. Não sei mais para quem se dirige o fruto do meu esforço e habilidade. Produzo para um mercado anônimo. A costureira que coloca os zíperes nas calças de brim apenas sabe que esse tipo de calças é usado tanto por homens como por mulheres, na cidade como no campo, nos centros ricos do planeta como nas regiões mais pobres, nas classes médias, na burguesia, no proletariado, ou por pessoas velhas e jovens. Talvez algum detalhe lhe permita prever aproximadamente o ambiente social que consumirá aquela roupa. Mas está longe do conhecimento de sua colega artesã, que conhecia pelo nome a cliente que servia, e podia depois observar como ela desfilava com o seu vestido novo na festa da paróquia.

A alienação objetiva do homem, do produto e do processo de seu trabalho é uma conseqüência da organização legal do capitalismo moderno e desta divisão social do trabalho. Em primeiro lugar, é uma auto-alienação: o trabalhador vende seu tempo, sua energia, sua capacidade a outrem. No caso dos *colarinhos-brancos,* os trabalhadores dos escritórios ou escolas, vende-se as personalidades: os sorrisos, a pontualidade, o senso de oportunidade, a aparência de confiabilidade. A empresa impessoal aliena o pessoal no indivíduo. Se em cada pedaço da produção um trabalhador faz o seu trabalho, o processo total sendo invisível, o produto e o mesmo trabalho são alienados do produtor. Também as potencialidades intelectuais lhe são alienadas, pois a rotina, que visa o barateamento da produção, leva todos à idiotia da especialização. Num primeiro momento, exige-se o especialista; com o desenvolvimento da especialização, só é necessária uma massa de autômatos.

As coisas se passam assim, segundo Marx: como o homem se aliena, ou seja, vende sua força de trabalho a outrem, a quem ele outorga e a quem passa a pertencer o seu trabalho e o produto deste – ambos igualmente alienados –, assim, esta relação alienada do homem com seu trabalho e produto gera uma relação correspondente do capitalista com o trabalho, que é a propriedade privada. Essa deriva é resultado da alienação do trabalho.

Dessa relação mútua do trabalho alienado com a propriedade privada, Marx deduz que a emancipação da sociedade – da propriedade privada e da servidão – assume a forma política da emancipação dos trabalhadores. Isso não só no sentido de estar em jogo a emancipação destes, mas por essa emancipação abranger a de toda a humanidade. Pois toda servidão humana está enredada na relação do trabalhador com a produção.

O que é Trabalho 37

O processo de especialização tem um efeito final que contradiz seu propósito inicial. Depois de atingido determinado ponto de fragmentação do processo de trabalho, em vez de acentuar-se a perfeição e beneficiar-se, pois, o aspecto técnico da produção, é este mesmo aspecto técnico que se perde.

Em sua análise dos trabalhadores de colarinho branco, Wright Mills, sociólogo anglo-saxão (19151962), famoso exatamente por ser estudo da nova classe média, acentua como no mundo do trabalho em escritório também perde sentido e importância o aspecto técnico da atividade. Não se pergunta a alguém exatamente o que ele faz e, sobretudo, não se pergunta como ele faz o que faz. O que preocupa o amigo que se informa sobre o trabalho do outro, em geral, é qual a renda que este consegue, qual o *status* que o emprego lhe confere, qual o poder que o seu trabalho lhe dá. Renda, *status* e poder substituem a preocupação e o cuidado de fazer bem alguma coisa que se sabe fazer. O mundo da técnica teria chegado ao fim do caminho. Pelo máximo da tecnicização, cada fragmento do processo de trabalho se torna tão independente da pessoa que é bem aleatório quem o faz, e se quem trabalha faz bem o que faz ou não. Basta que saiba submeter-se ao todo, mantenha os laços, as passagens, o fluxo do processo mesmo, com o mínimo de interferência criativa. Ou apenas com aquela criatividade que permite inovar para melhorar o fluxo do processo e enfrentar momentos em que o processo esteja dificultado, resolvendo essas crises.

Comparando o trabalho na organização com o modelo artesanal de trabalho, é fácil perceber também a perda do aspecto lúdico.

No modelo artesanal, pelo menos no plano ideal, se o artesão trabalha de modo autônomo, pode interromper sua aplicação ao ofício no momento em que sente carência de descanso. Terá algum prazer em fazer com arte um trabalho que domina em todo o processo e que sabe fazer bem. Fará alguns minutos de lazer para uma caminhada até o fundo do quintal ou para uma conversa com o vizinho por cima do muro, sempre que o corpo ou a mente o exigirem. No trabalho em equipe, na fábrica, na burocracia, mas principalmente na linha de montagem, que não pode parar, sob a pressão do controle da produtividade e qualidade, e o afã do lucro, não pode ser intercalado nenhum lazer com a aplicação atenta e desgastante a um mesmo gesto, uma mesma operação especializada. Não há, assim, condições para introduzir-se nenhum prazer no tempo de trabalho, mesmo que a ideologia atual e os departamentos de psicologia encarregados do pessoal das fábricas muitas vezes se esforcem por dourar a pílula com música ambiental nos salões e escritórios.

No artesanato, o trabalho não obedece a nenhum motivo ulterior além da fabricação do produto e dos processos de sua criação: a esperança de fazer um bom

O que é Trabalho   39

trabalho, realizar um produto, e a arte de fazê-lo. Os
detalhes do trabalho cotidiano são significativos, não
estão separados do produto do trabalho. O trabalhador é livre para organizar seu trabalho, quanto ao plano,
começo, forma, técnica e tempo. Ao trabalhar, o artesão pode aprender e desenvolver seus conhecimentos
e habilidades; o seu trabalho é um meio de desenvolver
habilidades. Não há separação entre trabalho e divertimento, trabalho e cultura. Mesmo que divertimento
seja definido como atividade gratuita, feita pela satisfação, válida em si mesma, e o trabalho vise a criação de
um valor econômico, uma utilidade e a remuneração.

   O modo de subsistência do artesão determina e
impregna todo o seu modo de viver. Seus amigos são os
seus colegas. Suas conversas são sobre a sua profissão.
Não há necessidade de lazer como evasão. O trabalho
hoje é uma espécie de negativo daquele artesanal, ou o
seu oposto. No mundo industrial falta o vínculo entre o
trabalho e o resto da vida. Para agir livremente deixa-se
o tempo que sobra do trabalho. Assim, se separa totalmente trabalho de lazer, de prazer, de cultura, de renovação das forças anímicas, que deverão ser buscadas
no tempo que sobrar do trabalho.

   A separação de trabalho e prazer parece coe-
rente com o desenvolvimento de um tipo de lazer passi-
vo, do tipo da entrega do telespectador que não analisa,
não critica, não discute sobre as novelas da TV. Como
o outro lado da moeda, nos modos de vida mais ame-

ricanizados, inventou-se o *hobby*, aquela atividade que se faz porque se gosta nas horas vagas daquele trabalho sem satisfação e extenuante. Essa é uma espécie de compensação que o sistema permite, de modo que não se queira transformar o mundo do trabalho que eficientemente continua a dar lucros a seus donos.

Chegamos assim a uma das características mais decisivas do mundo do trabalho em que vivemos, e que é a sua submissão ao capital, aos interesses dos capitalistas e dos proprietários. Esse é um ponto chave das determinações do trabalho nesse sistema. A força de trabalho é dada como uma mercadoria. Do esforço do operário é extraído um valor que deixa uma sobra aos interesses do capital, pois o salário do operário fica muito aquém do valor que ele cria para o mercado. Com base nessa sobra de valor alienada do produtor se criam novos setores de atividade não propriamente produtiva, e se reproduz o capital. Também a classe média tem como fonte última de seu sustento esse valor produzido pelo trabalhador industrial e que não lhe é devolvido: a *mais-valia*.

Em seus conflitos nas democracias burguesas, o equilíbrio entre capital e trabalho tem-se feito por meio de um tripé de poder em que a pressão dos sindicatos obreiristas se opõe à força constrangedora do capital, tendo como terceiro termo um Estado não inteiramente autônomo, mas não inteiramente confundido com a classe dona da terra e das fábricas. Em países como o

O que é Trabalho   41

Brasil, esse Estado – a lei, o governo e sua burocracia – não se distingue suficientemente dos interesses capitalistas; o Estado se apresenta como instrumento quase perfeito dos interesses do capital, e os operários se encontram como única força ante o poder oposto coeso.

Em muitas situações e momentos da sociedade contemporânea, o trabalho e sua ideologia se tornam instrumentos de submissão política. O mundo é domesticado pela submissão ao trabalho. Reduz-se à esfera pública, o âmbito da discussão dos problemas comuns. As pessoas se percebem como alegres robôs que não têm efetivo poder de decisão sobre o mundo em que trabalham. Todas as atividades são feitas como labores pela sobrevivência. Tem-se como utopia, no sentido de impossível, que o trabalho seja expressão, ou que se possa ter um trabalho criativo e que dê prazer. Abandona-se a pretensão do artífice, do artista. O labor invade o mundo do trabalho, que os meios de comunicação de massas mantêm, enquanto manipulam o desejo e criam necessidades de consumo, dando aparência de necessidade a um trabalho que, em si, não seria mais necessário. Assim, apesar do aumento quantitativo do tempo livre na era da automação, muitas vezes desaparecem os lugares de participação política, que precisam ser reinventados.

DO QUE SE TEM PENSADO SOBRE O TRABALHO

Os povos mais diversos cercaram o labor na agricultura de uma rica mitologia. E os mitos sobre o esforço dos homens em busca de seu sustento moldaram os preconceitos das diversas culturas em todas as épocas. Haveria, portanto, inúmeras maneiras de apresentar o conjunto de idéias ocorridas historicamente e que ainda podem estar influenciando nossos preconceitos sobre o trabalho. Qualquer apresentação, porém, por mais breve que seja, da história dos preconceitos, ou idéias, sobre determinada área da experiência humana em nossa cultura, deve procurar suas origens na Grécia, em Roma, e também na tradição judaico-cristã.

Os gregos distinguiam entre o esforço do trabalho na terra, a fabricação do artesão que serve ao usuário, e a atividade livre do cidadão que discute os problemas da comunidade.

O trabalho na lavoura, incluindo o esforço físico e a vida ao ar livre, goza na Antigüidade grega de prestígio e imagem semelhantes aos da atividade do guerreiro. É no período helenístico que passa a ser realizado por escravos, não mais pelos proprietários. Isso indicaria ou acarretaria uma mudança do conceito vivo do trabalho na natureza durante a história grega. O que dá ao trabalho da terra aquele seu valor e prestígio originais é que para os gregos ele estabelece um elo com a divindade. Não se põe como uma forma de elaboração de procedimentos eficazes e regras de sucesso. Não apresenta caráter técnico. Não é uma ação sobre a natureza para transformá-la ou adaptá-la a fins humanos. Se essa transformação fosse pensada como possível, seria considerada uma impiedade, pois seria contrária ao pacto do agricultor com a divindade que rege a fertilidade da terra e os ciclos naturais.

Entre os artesãos na Antigüidade, a divisão do trabalho existia com vistas à qualidade do produto e por causa da diversidade das capacidades e dons, e não com vistas à maior produtividade, como hoje. Embora o artesão na cidade-estado antiga possa não ser mais escravo, também não é livre. Na concepção dos gregos, seu trabalho não se dá como criação livre porque é feito para sobreviver, recebe remuneração, e se constitui em serviço ao usuário. É este, em última análise, quem determina e domina o objeto, pois determina e domina o seu uso.

O que é Trabalho

Na obra da mão humana, o pensamento antigo considera menos o processo de fabricação do que o uso que dela é feito. Existe, pois, para todo objeto fabricado, uma espécie de modelo que se impõe ao artesão como uma norma. Esse modelo não é uma invenção humana que o operário poderia criar ou modificar segundo o capricho de sua fantasia. Pelo contrário, o artesão deve conformar-se tanto quanto possível a esse modelo necessário, quer trabalhe com os olhos fixos nele, quer confie, a esse respeito, nas indicações que lhe dá o usuário, a quem sua obra se destina.

Os preconceitos gregos encontram expressão em uma teoria geral da atividade criadora como a que aparece em Aristóteles, um dos seus maiores filósofos. Em toda produção criadora, o artesão é causa motriz. Opera sobre um material – causa material – para lhe dar uma forma – causa formal –, que é a da obra acabada. Essa forma constitui ao mesmo tempo o fim de toda operação – sua causa final. Para o pensamento antigo é a finalidade que dá sentido e comanda o conjunto da atividade produtiva. A causa real da fabricação não está na vontade ou na força do artesão, mas fora dele, no produto feito, no fim a que se dirige a atividade. A essência de um objeto é a perfeita adaptação de todas as suas partes ao uso que se quer, à necessidade que se deseja atender com aquele objeto. Por exemplo, a essência de uma cadeira é a sua adaptação ao uso a ela determinado, ou seja, o de servir de assento, para o descanso de alguém. A essência do produto *cadeira* não depende do artesão nem do seu modo de trabalhar ou dos processos de fabricação, habilidades ou inovações técnicas. É inerente ao produto visado de possibilitar assento e descanso. Esse é o produto que importa. E uma vez que se aliena na forma concreta do produto e em seu valor de uso, o trabalho do artesão se manifesta para os gregos como serviço de outrem e, assim, um trabalho escravo. À mercê do usuário e servidor de um modelo que é uma norma, o artesão representa o papel de mero instrumento destinado a satisfazer as diferentes necessidades do usuário. Aristóteles citava lado a lado, entre os instrumentos que produzem um *objeto*, tanto os utensílios como os próprios artesãos.

Para essa forma de pensar, o homem só age livremente quando sua ação não gera nada além dela mesma. Só quando a atividade humana é práxis, aquela atividade dos cidadãos para resolverem os assuntos comuns da cidade, na qual não há um produto material visível, então a atividade é livre, no sentido grego. A práxis, a ação propriamente dita, é a atividade não produtora, em que o ato reside no interior do próprio sujeito agente. Nos preconceitos do mundo grego, a práxis prevalece, como tipo e nível de atividade, sobre a poiesis a operação da fabricação, a atividade do artífice, onde o ato se realiza num objeto produzido. O homem ali só age realmente, e livremente, quando utiliza as coisas, e não quando as fabrica. O ideal do homem

O que é Trabalho 47

livre, do homem ativo, aparece na Grécia como sendo antes o do usuário que o do produtor. O problema da ação é o do bom uso das coisas e não o de sua transformação pelo trabalho.

Hannah Arendt, a pensadora do século XX que já identificamos anteriormente, repensa a distinção grega entre labor, práxis e poiesis diante das novas realidades do mundo contemporâneo. Se a vida contemplativa parece, para a tradição grega, ocupar um lugar superior a qualquer plano da vida ativa, esta, por sua vez, apresenta vários níveis de nobreza ou liberdade, e essa avaliação perpassa ainda os nossos modos de julgar a atividade humana, mesmo que de forma inconsciente, tácita ou sub-reptícia.

Labor é aquele trabalho do corpo do homem pela sobrevivência. O modelo é o do camponês sobre o arado, no trabalho da terra. Ou o da mulher no parto. Há uma dose de passividade nessa atividade humana: a submissão aos ritmos da natureza, às estações, à intempérie. Às forças incontroláveis biológicas, os hormônios, à musculatura autônoma.

O trabalho propriamente dito, aquele que traduz a palavra grega *poiesis,* o fazer, a fabricação, criação de um produto pela arte, é a obra da mão humana que maneja instrumentos que a imitam. Este fazer humano tem a qualidade da permanência; deve poder superar no tempo o próprio trabalhador. O modelo é agora o do escultor, o do artista que molda a sua estátua, usando a espátula sobre o gesso ou a pedra. Quando milhares de anos após a morte do escultor alguém encontrar a estátua no fundo da caverna em que o indígena primitivo esculpiu uma forma humana, esse alguém saberá da existência de um homem naquele lugar e naquele tempo.

Por outro lado, a vida do escultor não depende daquela sua obra, nem a vida de seus semelhantes e contemporâneos. Se Michelangelo, o pintor italiano renascentista, pôde quebrar o joelho de sua estátua de Moisés – por insatisfação de criador ambicioso –, este episódio diz tanto do caráter da obra artística quanto do temperamento do artista. Destruir a obra esculpida não destrói a chance de vida de ninguém. Se eu lanço ao fogo da lareira a carranca que gravei no pedaço de jacarandá, ninguém deverá passar fome por isso; pelo menos, a sobrevivência de minha comunidade não depende diretamente deste fruto do meu esforço. É por isso que este meu esforço é livre; porque posso destruir seu produto ao sabor de minha decisão soberana, sem ir assim contra as leis da vida.

A ação – a práxis – é aquele domínio da vida ativa onde o instrumento usado pelo homem é o discurso, a sua própria palavra. É o âmbito da vida política, onde se discutem os interesses, as paixões, as questões muito concretas que se referem ao convívio harmonioso entre concidadãos. A ética se forma na práxis. Para os gregos, essa distinção entre os diversos níveis do trabalho humano se dava num contexto social e cultural em que doméstico e público se separavam radicalmente. O espaço da casa, o *domus,* era onde o chefe, o patriarca, imperava sem lei e sem necessidade de uma ética racional. O espaço da *polis,* a cidade grega, era onde se efetivava a democracia dos iguais, dos cidadãos livres, que decidiam pelo debate os seus negócios: negação do ócio. O exercício da palavra é a atividade significativa para o homem livre.

O nosso tempo desfez muitas das sagradas separações entre a casa e a cidade. As famílias no século XX transferiram para o domínio social muitas de suas atribuições tradicionais, pois hoje cada vez menos conseguem sequer prover o sustento e o cuidado das crianças. As mulheres procuram introduzir o direito e a lei também no refúgio privado das relações de família. Mas nesse mundo em que as pessoas costumam trabalhar em organizações que funcionam como máquinas, parece reduzido ao mínimo o âmbito da práxis, da palavra, do debate do bem comum. Social e político não querem significar a mesma dimensão da realidade. A democracia representativa dá só a poucos um lugar na assembléia de real poder. Nós, simples votantes – quando o somos –, olhamos os políticos pela televisão. Por isso, Hannah Arendt julga ver no mundo contemporâneo a redução de todo trabalho ao nível de labor, de esforço rotineiro e cansativo com o único objetivo da sobrevivência. Estaria ocorrendo uma *laborização* do mundo, bem mais do que a elevação do trabalho produtivo ao plano da práxis pela politização da vida operária, segundo o projeto socialista.

De todo modo, os estudiosos da Grécia são unânimes em afirmar que ali a prática material produtiva ocupava um lugar secundário. A idéia de que o homem se faz a si mesmo e se eleva como ser humano justamente através de sua atividade prática, com seu trabalho, transformando o mundo material, é uma idéia moderna, alheia ao pensamento antigo. Para este, os homens livres só podem viver no ócio, como filósofos ou políticos, entregues à contemplação ou à ação política. O trabalho intelectual – considerado o propriamente humano quando gratuito e liberto do contato com a matéria – se concentra na classe dos homens livres, enquanto o trabalho físico, considerado servil e humilhante, vai repousar sobre os ombros dos escravos e das mulheres. A primazia atribuída ao primeiro e o desprezo deste levam a afirmar a posição social dos ociosos, ou mesmo dos intelectuais – quando não produzem por remuneração algo material –, e a rebaixar a dos trabalhadores manuais ou braçais.

A outra grande corrente de tradição que influi – sem que sempre se tome consciência disso – em nossas relações de trabalho e no modo como nos confrontamos com nossas tarefas práticas é a linha da herança judaico-cristã, que aparece no mundo ocidental hoje permeada, misturada, aliada à herança greco-romana. No Brasil, é claro, ainda com muitas outras influências,

O que é Trabalho   51

principalmente de origem africana e indígena. Isso é ainda mais complexo neste momento histórico, quando as fronteiras entre Oriente e Ocidente, Europa e África, Ásia e Oceania podem ser inteiramente desfeitas em segundos por uma transmissão telefônica, telegráfica, ou por uma emissão de televisão via satélite.

Na tradição judaica, o trabalho também é encarado como uma labuta penosa, à qual o homem está condenado pelo pecado. A Bíblia o apresenta como castigo, um meio de expiação do pecado original. Por haverem perdido a inocência original do paraíso, Adão é condenado a ganhar o seu pão com o suor de seu rosto, assim como Eva é condenada às dores do parto...

Nos primeiros tempos do cristianismo, o trabalho era visto como punição para o pecado, que também servia aos fins últimos da caridade, para a saúde do corpo e da alma, e para afastar os maus pensamentos provocados pela preguiça e pela ociosidade. Mas como o trabalho era desse mundo mortal e imperfeito, não era digno por si mesmo. Para os cristãos do tempo de Agostinho, e isso continua sendo assim para muitas comunidades cristãs ainda hoje, o trabalho devia ser obrigatório para os monges, mas devia ser alternado com a oração. O trabalho é realizado nos mosteiros apenas na medida suficiente para satisfazer as reais necessidades da comunidade.

Assim como os filósofos gregos, também os padres da Igreja colocavam a meditação pura, a contemplação, acima do trabalho intelectual de ler e copiar. Os frades podem aperfeiçoar seu corpo e sua alma com exercícios práticos – trabalhando na oficina ou na horta –, contudo, devem reservar o melhor do seu tempo para dizer as laudas e matinas.

As seitas heréticas – grupos de crentes rebeldes à Igreja de Roma que davam interpretação original aos ensinamentos do Evangelho de Jesus Cristo, e que não foram poucas e existiram pela Europa toda do século XI ao XIV, exigiam o trabalho, mas também para uma finalidade além dele mesmo. Considerado uma tarefa penosa e humilhante, o trabalho devia ser ardentemente procurado como penitência para o orgulho da carne. Para o catolicismo em geral, se o trabalho pode ser digno ou dignificante, o é em função de sua ordenação ao louvor do Criador e, nesse sentido, é certamente inferior à contemplação direta e à oração. Ainda se poderia imaginar um santo preguiçoso; com certeza, nenhum santo pode ser avesso à oração.

Com a Reforma protestante, o trabalho sofre uma reavaliação dentro do cristianismo. Para Lutero, o trabalho aparece como a base e a chave da vida. Embora continuando a afirmar que o trabalho era uma conseqüência da queda do homem, Lutero, repetindo São Paulo, acrescentava que todo aquele capacitado para trabalhar tinha o dever de fazê-lo. O ócio era uma evasão antinatural e perniciosa. Manter-se pelo trabalho é um modo de servir a Deus. A profissão torna-se uma vocação. O

O que é Trabalho 53

trabalho é o caminho religioso para a salvação. É visto como virtude e como obrigação ou compulsão.

No cristianismo de Calvino, o reformador francês que viveu de 1509 a 1564, cujas idéias encontraram grande afirmação em Genebra, na Suíça do século XVI, o trabalho como virtude se associa estranhamente à idéia de predestinação. Se, pela preferência divina, alguns estão predestinados a ter êxitos e outros, a ficar na miséria, contudo, é vontade de Deus que todos trabalhem, e é pelo trabalho árduo que alguém pode chegar ao êxito, e assim a realizar a vontade de Deus, que o inclui entre os eleitos. Se é a vontade de Deus que todos trabalhem, é contrário a ela que os homens cobicem os frutos de seu trabalho: eles devem ser reinvestidos para permitir e incentivar mais trabalho.

Max Weber, sociólogo alemão já clássico, famoso pelo seu método de *compreensão* dos fenômenos sociais e por suas análises da burocracia que se desenvolveu no princípio do século XX, associa a ética protestante ao que ele chama de *espírito do capitalismo*. A psicologia do homem religioso e do homem econômico coincidiriam no empresário burguês dos tempos de austeridade, quando, para afirmar-se, a classe burguesa necessita da religião do trabalho. Para o protestantismo, a maneira de viver aceitável, agradável a Deus, não está mais na superação da moralidade mundana, pelas renúncias do religioso na solidão do mosteiro, como pensava certa tradição católica. O modo de vida que melhor serve a

Deus estaria no cumprimento das tarefas do século, impostas ao indivíduo por sua posição no mundo.

A vocação para o trabalho secular aparece como expressão de amor ao próximo. Em contraste com a concepção católica, pela reforma protestante são aumentados a ênfase moral e o prêmio religioso para a atividade profissional. Para alcançar a autoconfiança típica dos eleitos é recomendada a intensa atividade profissional. Só a atividade afugenta as dúvidas religiosas e dá a certeza da graça. É por esse tipo de conduta, da intensa atividade profissional, que se identifica a verdadeira fé. Só o trabalho pode salvar o calvinista aplicado da dúvida – escolhido ou condenado? – e, compensando-lhe esta dúvida, quem sabe, dar-lhe a certeza da salvação. As boas ações são os meios técnicos, se não de conquista da salvação, da libertação do medo da condenação.

Entre os puritanos, ao mesmo tempo que a sua ética se torna mais rígida e exigente com relação ao trabalho – visto como meio ou sinal de eleição –, também condena a procura de bens materiais e dinheiro. Mas a riqueza só é eticamente condenável na medida em que se constitui numa tentação para a vadiagem e para o relaxamento. A objeção moral não se refere à riqueza em si, mas ao seu gozo, com a sua conseqüência de ócio e de sensualidade. A perda de tempo é o primeiro e o principal de todos os pecados. Toda hora perdida no trabalho redunda em perda de trabalho para a glorificação de Deus. Pois o trabalho constitui a própria finalidade da vida. A expressão de São Paulo – "quem não trabalha não deve comer" – é incondicionalmente válida para todos. A falta de vontade de trabalhar é um sintoma da ausência do estado de graça. Para o cristão há o dever de trabalhar.

Para esse cristianismo, a divisão do trabalho e a diferenciação dos homens em camadas e profissões, estabelecida através do desenvolvimento histórico, parece ser resultado da vontade divina. O caráter providencial da divisão do trabalho se conhece por seus resultados. Isso tem muita semelhança com a conhecida apologia da divisão do trabalho feita por Adam Smith, economista inglês contemporâneo da primeira Revolução Industrial. O trabalho de cada um, cada indivíduo no seu setor e em sua posição, leva a uma soma de trabalho coletivo que gera a riqueza das nações, como se uma mão invisível impedisse o caos e o desencontro de interesses. A *mão invisível* de que falava o economista clássico é, no protestantismo, a mão da providência divina. A permanência de cada um na posição e dentro dos limites profissionais que lhe foram dados se torna assim um dever religioso. Tal ideologia do trabalho diz que a especialização das ocupações, enquanto possibilita o desenvolvimento das habilidades do trabalhador, leva a progressos qualitativos e quantitativos na produção; e, assim, serve ao bem comum.

Segundo Weber, é nesta avaliação religiosa do labor no mundo – como instrumento de purificação e meio de salvação – que reside a mais poderosa alavanca do que ele chama de *espírito do capitalismo*, mas pode ser traduzido por economia capitalista. A restrição de consumo se combina na ética puritana com a liberação da busca da riqueza, e assim se favorece a acumulação capitalista, através da compulsão à poupança. As restrições impostas pela religião puritana ao uso da riqueza adquirida incentivam o uso da riqueza como investimento de capital. O poder de convicção religiosa põe à disposição da classe burguesa trabalhadores sóbrios e aplicados, que se dedicam ao trabalho com a consciência de estar agradando a Deus. E a burguesia tem a tranqüilizadora consciência de que a distribuição desigual da riqueza deste mundo é obra da divina providência.

Dizer que agrada a Deus, ser constante e submisso a uma profissão e a um papel social parece dar justificativa ética para a moderna divisão social do trabalho do capitalismo; assim como dizer que a providência divina provê as chances de lucro e enriquecimento parece dar uma justificativa ética para os homens de negócio.

Ainda na Renascença, entretanto, aparece uma outra visão do trabalho, que talvez tenha influenciado indiretamente as sínteses do protestantismo, enquanto ambas se ligam à afirmação da burguesia, à noção de liberdade e à idéia do indivíduo. Aparecem juntas quando se quebram as certezas cosmogônicas do mundo medieval, com a descoberta de que a Terra gira em tor-

No trabalho manual o homem exerce
sua atividade criadora.

no do Sol, e de que o mar não leva para o fim do mundo mas para outros continentes de um planeta redondo.

Na visão do trabalho renascentista somam-se heranças cristãs às greco-romanas, e suas conseqüências ainda não terminam de acontecer nas concepções do trabalho de nosso tempo.

Naquela exuberante época de mudanças, o trabalho foi concebido por alguns como um estímulo para o desenvolvimento do homem e não como um obstáculo. O trabalho seria expressão do homem e expressão da personalidade, do indivíduo. O homem se torna um criador por sua própria atividade; pode realizar qualquer coisa. O trabalho é a melhor maneira de preencher sua vida.

Parte-se então de uma idéia de técnica artesanal – manual e mental – do processo de trabalho, a que já aludimos anteriormente. O trabalho tem um significado intrínseco. As razões para trabalhar estão no próprio trabalho e não fora dele ou em qualquer de suas conseqüências. A satisfação do trabalho não decorre da renda nem da salvação, nem sequer do *status* ou do poder sobre outras pessoas, mas do processo técnico inerente.

A consciência filosófica da atividade produtiva sofre uma mudança radical no Renascimento. Nessa perspectiva, o homem deixa de ser um animal teórico para ser também sujeito ativo, construtor e criador do mundo. As nascentes relações capitalistas e o desenvolvimento da ciência e da técnica acarretam uma nova atitude com relação às atividades humanas vinculadas à transformação da natureza, as quais já não recaem – como na Antigüidade – sobre escravos, mas sobre homens livres. Valoriza-se a ação do homem, e dentro dela, não apenas aquilo que já era anteriormente considerado nobre, como a arte ou a guerra, mas também aquelas ações que, por se exercerem sobre coisas materiais, eram consideradas inferiores. Se a contemplação continua mantendo na Renascença um lugar superior ao da atividade prática, particularmente a manual, já não se repele o trabalho como uma ocupação servil, às vezes ele é prestigiado. Já não se pensa que o homem se avilta pelo simples contato com a matéria. Longe de escravizá-lo, o trabalho prático é condição necessária de sua liberdade.

O desenvolvimento da idéia do valor da transformação da natureza, da produção guiada pela teoria e pela ciência, se prolonga pelos séculos XVI e XVII. O século XVIII marca, nesse processo, uma reviravolta decisiva. Os enciclopedistas – filósofos franceses ideólogos do humanismo burguês, também chamados de iluministas –, louvam a técnica, as artes mecânicas, a indústria do homem; exaltam o domínio do homem sobre a natureza, graças ao trabalho e à técnica. O homem se afirma por dois caminhos – teórico e prático – que se uniriam na técnica.

Em diversos tons, os pensadores iluministas e enciclopedistas do século XVIII afirmam a positividade da cultura, da ciência, da técnica e do trabalho humano. Apenas uma voz destoa: a de Jean-Jacques Rousseau, o filósofo de Genebra. Depois de séculos de progresso humano no terreno da cultura de técnica, em busca da elevação crescente do poder do homem sobre a natureza, Rousseau não vê bom resultado. Sua conclusão é a de que a transformação da natureza só serviu para transformar negativamente o homem. Rousseau foi o primeiro a relacionar a transformação da natureza com a transformação do homem. Pensava ele que a atividade social transformadora da realidade natural e humana – no trabalho e na técnica, na arte e na política – nada mais havia feito do que degradar e aviltar o homem. A voz de Rousseau contrasta com a dos pensadores de seu tempo, como também se choca com a concepção dos economistas ingleses. Por um lado, parece ficar atrás de todos eles; por outro, antecipa idéias que aparecerão mais tarde com Marx.

Também no século XVIII, os economistas clássicos – Adam Smith e David Ricardo, especialmente – se caracterizam pela exaltação da atividade material produtiva que percebem na sociedade burguesa. A eles se reconhece o mérito de haver enxergado no trabalho humano a fonte de toda riqueza social e de todo valor. Mas os economistas viram o trabalho humano apenas por sua utilidade exterior e não por seu entrosamento com o homem. Dissociaram o operário do homem concreto que ele é: ou seja, fizeram uma imagem de

O que é Trabalho

homem apenas como *homo oeconomicus*. O conceito de atividade material transformadora da realidade natural fica reduzido a um conceito econômico, o que é incompleto. Contudo, essa descoberta do trabalho humano como fonte de todo valor e riqueza põe nas mãos da filosofia um valioso instrumento para repensar a práxis humana.

O marxismo tem sido chamado de filosofia da práxis. O termo práxis aí aparece de modo bem distinto do termo original, do conceito grego de práxis como a ação pura, do discurso, da política, que termina em si mesma, e não produz objetos. Práxis no sentido marxista, corresponde talvez mais aproximadamente ao *poiesis* grego: atividade produtiva, fabricação. Pelo menos, elabora uma síntese de poiesis e práxis no sentido tradicional.

É sabido que Karl Marx – o filósofo revolucionário do socialismo científico e da crítica ao capitalismo – sofreu grande influência do idealismo alemão, assim como da economia inglesa e dos utopistas franceses. Em Marx se atam os fios que vêm de Hegel, dos economistas clássicos e das doutrinas socialistas da França de seu tempo. Isso além de possíveis outras influências, com certeza menos evidentes e mais polêmicas, como da filosofia crítica de Immanuel Kant, ou mesmo do positivismo de Augusto Comte.

Veremos adiante algumas idéias de Hegel, um dos filósofos mais representativos da filosofia idealista alemã, que viveu na passagem do século XVIII para o XIX. Já em seus primeiros escritos, G. W. F. Hegel expressa uma concepção nova do trabalho humano. O trabalho, para ele, é uma relação peculiar entre os homens e os objetos, na qual se unem o subjetivo e o objetivo, o particular e o geral, através do instrumento, da ferramenta. Esta é subjetiva na medida em que o trabalhador a utiliza e a preparou. E é objetiva por estar objetivamente orientada em relação ao objeto do trabalho. Instrumentos e ferramentas são manifestações da racionalidade do homem, expressam a sua vontade, e fazem de mediadores entre o homem e a natureza. Por isso o trabalho é satisfação mediata do desejo e da carência, aquela necessidade natural que o desejo manifesta. E, assim, o trabalho é processo de transformação. À diferença do animal, que para satisfazer suas carências devora, destrói o objeto – a natureza –, o homem o trabalha e o transforma, antes de consumi-lo. Esta argumentação parece clara, mesmo se nossa consciência atual dos problemas ecológicos causados pela ação transformadora do homem nos leva a criticar o idealismo humanista de Hegel quanto a ela.

A produção do objeto pelo homem é ao mesmo tempo um processo de autoprodução do homem. No que produz, o homem se reconhece e é reconhecido; e reconhece a relação social, de dominação – de senhor e escravo – em que se dá a sua produção. A relação entre os homens e os objetos através do trabalho, do

O que é Trabalho 63

uso dos instrumentos, cria a relação dos homens com os homens mesmos.

Em sua obra *A Fenomenologia do Espírito*, Hegel enriquece e aprofunda o conceito de trabalho, acentuando principalmente seu aspecto positivo e seu papel na formação do homem. A *Fenomenologia* é uma história da consciência humana e de suas relações com o mundo e os objetos reais que Hegel vê como história do espírito de que o homem é portador. O movimento da consciência vai desde o saber imediato, empírico, individual, até a consciência filosófica, na qual "o espírito adquire plena consciência de que tudo é espírito".

Hegel destaca a fase da autoconsciência: o saber de si mesmo, a consciência de si mesmo. A autoconsciência só se satisfaz em outra autoconsciência. É preciso que a consciência seja reconhecida por outras consciências. A autoconsciência só é autoconsciência na medida em que outros a reconhecem. Um homem só satisfaz seu desejo, suas carências humanas, quando outro homem, seu igual, lhe reconhece o seu valor humano. O homem só pode manter-se humano na relação com outros humens. A essência humana não pode manifestar-se no indivíduo isolado. O indivíduo só é propriamente indivíduo, e indivíduo humano, quando em comunidade. E quando faz uso do instrumento, o trabalho que desenvolve e o que produz, em comunidade, lhe geram um reconhecimento de outrem como indivíduo humano.

Os homens desejam e carecem ser reconhecidos. E se cada consciência quer realizar esse reconhecimento, disso resulta um conflito, a luta das consciências. O reconhecimento mútuo pressupõe uma exclusão mútua. A ação que nasce do desejo e da carência se converte em luta. O desejo do reconhecimento leva, para Hegel, a uma luta mortal, a uma luta de vida ou morte. Mas se essa luta terminasse com a supressão de todos aqueles que não aceitam meu reconhecimento, a morte privaria de sentido a vitória, pois o vencedor não teria mais ninguém para reconhecê-lo. Por isso, a vitória tem de assegurar o reconhecimento por meio da imposição do vencedor sobre o vencido, mas deixando com vida o vencido, sob a condição de este reconhecer o vencedor e de renunciar a ser ele mesmo reconhecido. Essa relação de dominação e de servidão é a relação de senhor e escravo.

Hegel não apresenta essa luta mortal entre senhores e escravos como fato real que se verifica ao longo da história, e que tem sua origem em contradições reais concretas. Para Hegel, a luta do senhor e do escravo se apresenta sob forma intemporal e abstrata: corresponde ao movimento do espírito para alcançar pleno reconhecimento. O fato concreto é disfarçado como luta mística pelo reconhecimento, independente dos interesses reais, materiais, que historicamente dão origem às guerras, como luta mortal. Isso pode prestar-se para justificar a servidão, o que é imperdoável. Pois

O que é Trabalho 65

para Hegel o senhor é o homem que leva até o fim a luta pelo reconhecimento, arriscando sua vida. O escravo é o homem que recua na luta e renuncia a ser reconhecido, por medo da morte. Arriscando sua vida natural, biológica, o senhor alcançaria algo verdadeiramente espiritual: seu reconhecimento. Renunciando a este, o escravo estaria renunciando a algo verdadeiramente espiritual, para salvar seu ser natural, biológico. Portanto, o senhor ficaria num plano propriamente humano; o escravo, não.

O senhor mantém uma superioridade não só espiritual mas real, material, pois uma vez reconhecido como consciência de si, põe o escravo a seu serviço, obriga-o a trabalhar e faz dele um uso material, efetivo. Por temor à morte, o escravo não arriscou a vida – e agora trabalha. O trabalho é servidão, dependência em relação ao senhor. Mas essa dependência acarreta – como atividade prática, real – a transformação da natureza e a criação de um produto. O subjetivo se torna objetivo no produto. E desse modo cria um mundo próprio. O homem pode reconhecer-se nos produtos que cria. Transformando a natureza, o escravo reconhece a sua própria natureza. Esse reconhecimento de si em seus produtos é consciência de si como ser humano. Enquanto o senhor, por nada criar, por não transformar coisas, não se transforma a si mesmo e não se eleva como ser humano, o escravo se eleva como tal e, no processo do trabalho, adquire consciência de sua liberdade. O escravo se eleva à consciência de sua liberdade, mas não à realização de sua liberdade possível; o escravo só se liberta idealmente, no plano da consciência.

No pensamento de Hegel, a atividade prática material adquire uma dimensão que até então ninguém percebera tão claramente: é graças ao trabalho, enquanto cria, que o homem se produz a si mesmo. Ou seja, o trabalho, a atividade prática material produtiva é um processo através do qual o sujeito vai se elevando até atingir sua plena autoconsciência. A superioridade do escravo sobre o senhor reside no fato de aquele se haver inserido nesse movimento, ao passo que o senhor fica à margem. Ao infundir nas coisas as formas de seu espírito, o escravo garante o desenvolvimento do espírito. Mas isso acontece assim porque o trabalho é trabalho espiritual: atividade pela qual o espírito, do qual o homem é portador, se reconhece nas próprias coisas.

Para Hegel, pois, fica evidente o aspecto positivo do trabalho, porque, ao formar coisas, forma e forja o próprio homem. No ócio, à margem do trabalho, não existe homem propriamente dito – tal como o demonstra negativamente o senhor e positivamente o escravo. Mas Hegel ignora a alienação do trabalhador na economia moderna. Ressalta o papel positivo da atividade prática ignorando o da luta contra a opressão. Libertação e dominação parecem ser neste pensamento meras questões de consciência. O motivo espiritual do reconhecimento é dado como fundamento da luta entre opressores e oprimidos. Os motivos da sobrevivência desaparecem diante das motivações espirituais. A violência teria sua origem não em contradições de interesses econômicos e materiais, mas sim no desejo humano espiritual de ser reconhecido cada um em seu valor humano. Uma proposta sem dúvida de novo surpreendente para a nossa meditação, depois de tanta influência de todos os economicismos contemporâneos.

No século XIX, já começam a surgir reações contra o significado utilitarista atribuído ao trabalho pelos economistas clássicos. Alguns pensadores imaginativos voltam-se para o passado, buscando reencontrar um sentido perdido da atividade humana. Outros, como os utopistas – e depois Marx e Engels, seu amigo e companheiro de lutas e de escritos –, se inspiram no futuro.

Entre os utopistas do século XIX, na França destaca-se a contribuição original de Charles Fourier. Fourier vê o trabalho como realidade que, de sofrimento e pena que é no mundo da sociedade repugnante da indústria, deve se tornar, no mundo da harmonia, sonhado para um futuro concreto, uma atividade associada ao prazer. Trabalho e prazer não precisam estar separados como as duas faces inconciliáveis de uma moeda. No novo mundo de Fourier, os homens seguirão o princípio natural universal das atrações também na atividade produtiva, e se dedicarão ao trabalho atraente, em séries atraentes de produção, organização concebida como muito oposta às formas de produção industrial, considerada repulsiva.

Fourier, como outros antes dele, toma o trabalho no campo como quase o único trabalho necessário e passível de tornar-se atraente: saudável, realizável ao ar livre, com muito espaço, e variável conforme as estações e conforme o fruto colhido, o que tem valor inestimável numa concepção das paixões humanas que dá lugar privilegiado à paixão da variedade, da alternância.

Depois de Fourier, é em Marx, herdeiro seu como de Hegel e Adam Smith, que se encontra a análise detalhada do significado concreto do trabalho para o desenvolvimento do homem e de suas distorções na sociedade capitalista. Para Marx, a essência do ser humano está no trabalho. O que os homens produzem é o que eles são. O homem é o que ele faz. E a natureza dos indivíduos depende, portanto, das condições materiais que determinam sua atividade produtiva.

Ao tentar descrever o trabalho no capitalismo, já foram aludidas as alienações a que o trabalho está submetido nesta sociedade; segundo a opinião de Marx. Este pensador, contudo, não apenas fez uma análise exaustiva das relações de trabalho concretas na sociedade capitalista do século XIX, cujos ecos repercutem em toda análise sociológica até hoje; Marx também deixa aparecer em muitos textos uma teoria antropológica do trabalho. O trabalho seria, como para Hegel, o fator que faz a mediação entre o homem e a natureza.

O que é Trabalho 69

É a expressão da vida humana, e através dele se altera a relação do homem com a natureza. É "o esforço do homem para regular seu metabolismo com a natureza". E assim também, através do trabalho, o homem se transforma a si mesmo.

No processo de trabalho participam igualmente o homem e a natureza, e nele o homem inicia, controla e regula as relações materiais entre si próprio e a natureza. O homem se opõe à natureza como uma de suas próprias forças, pondo em movimento braços e pernas, as forças naturais de seu corpo, a fim de apropriar-se das produções da natureza de forma ajustada a suas próprias necessidades. Atuando sobre o mundo exterior e modificando-o, o homem ao mesmo tempo modifica a sua própria natureza.

Para Marx, o trabalho é pressuposto em uma forma que o caracteriza como exclusivamente humano. O trabalho do homem tem uma qualidade específica, distinta de um mero labor animal. Se uma aranha leva a cabo operações que lembram as de um tecelão, e uma abelha deixa envergonhados muitos arquitetos na construção de suas colmeias, contudo, essa sua agitação ainda não é trabalho do mesmo modo que o trabalho humano. "O que distingue o pior arquiteto da melhor das abelhas é que o arquiteto ergue a construção em sua mente antes de a erguer na realidade." Na outra ponta do processo de trabalho chegamos ao resultado já existente no início na imaginação do trabalhador. O homem é um ser que antecipa, que faz projetos, que representa mentalmente os produtos de que precisa. Antes da própria atividade, pela imaginação, o homem já contém em si o produto acabado.

No entanto, isso que torna o trabalho do homem propriamente humano, o projeto e a visão antecipada do produto, não está sendo possível na produção industrial mecanizada e em série. Esta é a maior alienação a que está submetido o trabalho moderno, pois assim ele se desumaniza. Pois é claro: se já não é possível ao trabalhador conter em sua mente a construção antes de construí-la; se ele está sendo agora incapaz de antever o seu produto em sua totalidade, pois só quem tem a totalidade do produto é a máquina que o trabalhador não domina totalmente, então, o trabalho dos homens está reduzido ao mesmo nível do das abelhas, da agitação animal sem projeto, e logo, é desumano. Sem ser dono do projeto do que produz, o homem apenas se agita como as formigas no formigueiro.

Num sentido Marx se afasta de Fourier. Para Marx e o marxismo, o trabalho pertence ao reino da necessidade. O reino da liberdade deverá ser conquistado do outro lado do trabalho, no tempo livre cada vez mais acessível, nas horas de festa, no prêmio do descanso e no prazer de gozar a vida conquistado pelo esforço produtivo.

Em *O direito à preguiça* (1905), Paul Lafargue, o revolucionário franco-americano, genro de Marx, dei-

O que é Trabalho 71

xa isso muito claro: trata-se de reivindicar mais tempo livre, o direito de viver além do trabalho.

Não se está mais dentro da utopia de Fourier, que sonha com um trabalho prazeroso, erotizado, integrado também ele nas malhas da atração, preferências, paixões humanas mais espontâneas.

No prefácio de seu livro, Lafargue criticava a ideologia burguesa do trabalho, como uma moral capitalista que se torna uma paródia da moral cristã. Seria esta a expressão da decadência da burguesia. Em seus primórdios, esta classe havia retomado alegremente a tradição pagã e glorificava o prazer, a carne e suas paixões reprovadas pelo cristianismo. Mas quando se torna classe dominante, a burguesia quer suprimir alegrias e paixões, prega a abstinência aos assalariados, condena-os ao papel de máquina parideira do trabalho, sem trégua nem piedade. Quando em luta com o clero e a nobreza, a burguesia se arvorara em defensora do livre-arbítrio e da liberdade de consciência, até o ateísmo. Na passagem do século XIX ao XX, que é quando Lafargue a observa, ela resolve sustentar e apoiar a sua supremacia econômica e política sobre a religião.

Ainda hoje nos defrontamos com a ideologia do trabalho e seus adeptos na sociedade burguesa. No século XIX, tratava-se de incentivar os indivíduos ao máximo esforço que devia resultar em máxima riqueza e máximo lucro. Talvez hoje essa seqüência esteja mudada. Não se trata mais de máximo esforço. O nosso tempo se acostumou a usar das facilidades da automação. E deve acomodar sua ética às sofisticações da técnica. Hoje se trata de buscar a máxima eficiência com o menor esforço. Mas conserva-se a finalidade da expansão da riqueza e do máximo lucro no capitalismo.

Convivem hoje, paradoxalmente, o desencanto com o trabalho padronizado e em série com o desejo de um trabalho adequado ao talento, à atração, ao gosto pessoal. A aspiração dos jovens dos anos sessenta ou setenta do século XX – a busca da natureza, a volta ao campo e ao artesanato – tem algo das idéias de Fourier e da sua sugestão de séries atraentes de trabalho no campo, diversificado conforme os indivíduos e os momentos, nas combinações variadas da vida.

Segundo Wright Mills, o sociólogo que analisou os *colarinhos-brancos*, já citado anteriormente, nem a concepção renascentista do trabalho, que lhe atribui um significado intrínseco – aquela idéia humanista do trabalho como arte e criação do homem –, nem o evangelho secularizado do trabalho como ato compulsório – da religião burguesa – têm grande influência sobre as massas trabalhadoras no século XX, depois das duas guerras mundiais e a invenção do computador.

Para a maioria dos empregados, o trabalho tem um certo caráter desagradável. Se entre os operários e empregados assalariados há muito pouco da motivação religiosa de que falava Max Weber, certamente o entusiasmo dos humanistas da Renascença também não se encontra entre os funcionários das companhias de seguros, os carregadores ou as balconistas das cidades contemporâneas. Se o vendedor de sapatos ou o executivo de uma indústria têxtil quase não pensam no significado religioso do trabalho, também poucas telefonistas, recepcionistas ou mesmo professoras experimentam a tranqüilidade interior de que falam os humanistas. A alegria com o trabalho criador é cada vez mais restrita a uma pequena minoria. Para as massas dos empregados de escritório e para os operários, o trabalho não é um meio de servir a seu Deus, nem a qualquer coisa de divino que possam sentir em si mesmos. Neles não há nenhuma vontade obstinada de trabalhar, e sua rotina cotidiana traz poucas satisfações positivas.

A moral do trabalho pregada pelos empresários da antiga classe média na sociedade burguesa, principalmente no velho *american way of life*, não mantém influência profunda sobre a nova sociedade da cidade moderna animada pelos meios de comunicação de massas. A nova classe média, constituída de assalariados e burocratas, jamais foi profundamente atingida pela ética burguesa do trabalho. Ao mesmo tempo, o ideal do artesanato também nunca pertenceu a essas novas camadas sociais que se desenvolveram no século XX. Nem por tradição nem pela natureza de seu trabalho, que não produz um produto claro, visível, e que neste sentido é improdutivo.

Em *A ideologia da sociedade industrial,* Herbert Marcuse, filósofo alemão radicado nos Estados Unidos, afirma que é particularidade distintiva da sociedade industrial desenvolvida sufocar as necessidades que exigem libertação – também do que é tolerável e compensador e confortável, enquanto mantém e desculpa o poder destrutivo e a função repressiva da sociedade afluente. Os novos controles sociais criam nas massas, através da propaganda veiculada pelos meios de comunicação, uma carência irresistível para a produção e o consumo do supérfluo. O trabalho entorpecedor, como cachaça para esquecer a falta de reais liberdades, se torna necessário mesmo ali onde não mais existe a necessidade real do trabalho, onde já há superprodução de riquezas. Por isso se tornam cada vez mais necessários modos de lazer também entorpecedores, que dourem a pílula e ajudem a conformar-se com liberdades decepcionantes, como a de uma imprensa livre que se autocensura para se manter bem com os anunciantes ou a opinião pública predominante; ou com a pequena liberdade de escolher na estante do supermercado entre diversas marcas de engenhocas eletrodomésticas.

O trabalho, pois, segundo Marcuse, não seria apenas alienado no mundo de hoje, mas alienante. A servidão ao trabalho sem sentido serve para castrar os indivíduos como seres políticos e pensantes. A ocupação no trabalho de oito horas, mesmo quando quatro horas seriam mais do que suficientes para manter a produção de alimentos e produtos de necessidade real para a sobrevivência, tem o sentido de manter as massas ocupadas e obedientes, de abafar os protestos, e assim manter as inércias de um sistema que se auto-reproduz quase insensivelmente.

A integração dos trabalhadores sempre foi acompanhada de formas de pressão, como a ameaça da perda dos meios de sobrevivência, a distribuição da "justiça", a polícia, as forças armadas. E em todo o período moderno a eficiência técnica do aparato de produção foi um meio importante de sujeição dos trabalhadores. Mas no período contemporâneo as formas de controle social seriam tecnológicas numa nova direção. Os controles tecnológicos parecem ser a própria personificação da razão, exercendo-se em nome do bem de todos os grupos e interesses sociais, a ponto de que toda contradição é vista como irracional e toda ação contrária parece impossível. A televisão em cores doméstica ou individual; o uso do computador na produção e na organização social; a locomoção por automóvel particular – são exemplos destas metas gerais de cunho tecnológico que criam necessidade de mais trabalho, subjetiva e objetivamente, enquanto mudam os hábitos de consumo.

O espaço privado, no qual o homem pode tornar-se e permanecer ele mesmo, aquele espaço de liberdade interior tão idealizado, se apresenta hoje invadido pela realidade tecnológica, e isso não só pelo domínio da televisão em todas as esferas domésticas. O aparato produtivo e as mercadorias e serviços que ele produz *vendem* e impõem o sistema social como um todo. Os meios de transporte e a comunicação de massa; as mercadorias, casa, alimento e roupa; a produção irresistível da indústria de diversões e informação trazem consigo atitudes e hábitos prescritos, certas reações intelectuais e emocionais que prendem os consumidores mais ou menos agradavelmente aos produtores e, através destes, ao todo. O indivíduo se identifica a esse todo social pelos seus hábitos, sem consciência clara.

Os produtos doutrinam e manipulam; promovem uma falsa consciência imune à sua própria falsidade. E ao ficarem esses bens à disposição de maior número de indivíduos e classes sociais, a doutrinação que eles carregam deixa de ser publicidade: torna-se um estilo de vida. É um relativamente bom estilo de vida; em alguns aspectos muito melhor do que o de antes. E como um bom estilo de vida, milita contra a sua transformação qualitativa. Surge, assim, um padrão de pensamento e de comportamento no qual as idéias, as aspirações e os objetivos que por seu conteúdo transcendam o universo estabelecido na palavra e na ação – seja as idéias pacifistas ou influências da filosofia oriental – tenderão a ser repelidos ou reduzidos a termos desse universo: assimilados, integrados, *recuperados,* quem sabe, tornados inócuos, sem poder transformador.

Assim, o trabalho hoje não seria só alienante porque o esforço alienado imbeciliza e reduz a capacidade

O que é Trabalho 77

de opor-se ao sistema e superá-lo. O produto do trabalho e o seu consumo escravizam; terminam o processo de alienação e cooptação do indivíduo, que não pode mais se destacar e opor. O trabalho torna-se necessário porque o produto é visto como tal; e assim se fecha o círculo da nova dominação.

*Muitas vezes o autônomo ganha mais
que seu colega assalariado.*

O QUE O TRABALHO NÃO É

É preciso refletir um pouco sobre as semelhanças e diferenças eventuais entre trabalho e emprego. Na linguagem coloquial, muitas vezes se diz trabalho por emprego, e vice-versa. Está tão difundida a maneira moderna de trabalho e serviço de uma organização ou um patrão, como assalariado, que ninguém estremece ao ver integralmente identificados os termos emprego e trabalho.

Muitas vezes fazemos a nossa preparação profissional não exatamente para atingir o domínio de um saber ou de uma técnica, ou alcançar a satisfação de uma nova capacidade. O que se pretende é depois do curso conseguir um emprego melhor, ou pelo menos o melhor emprego de nosso tempo.

Se não houver emprego para médico em determinada região de pouco desenvolvimento econômico e de população muito pobre, é capaz de alguém pensar que lá não há trabalho para médico, como se o nível de saúde fosse ótimo, sem se perguntar pelas muitas pessoas doentes ou frágeis que carecem dos serviços médicos terapêuticos ou preventivos. Dizer, por exemplo, que não há trabalho para enfermeiros no Acre equivale ao absurdo de tomar a estrita oferta de emprego assalariado por campo de trabalho. A necessidade social de médicos e enfermeiros para atender aos habitantes das afastadas regiões interioranas do Nordeste ou da Amazônia não pode ser negada. Mas se formos procurar emprego garantido com salários certos e robustos para profissionais da saúde, tais como clínicas seguras, empresas modernas, hospitais bem equipados, etc., teremos a impressão de não haver trabalho para médicos nem enfermeiros nos confins da Amazônia recém-habitada. Estaríamos ignorando a malária, as doenças tropicais típicas e as da miséria, além de todas as outras desordens fisiológicas e orgânicas da saúde no Brasil e dos homens em geral.

Por outro lado, a pessoa que não tem uma vaga de emprego assalariado, embora realizando um trabalho autônomo – de biscateiro, dona-de-casa, camelô, ou mesmo artesão ou técnico –, mesmo que não o faça de modo clandestino ou informal, ainda assim poderá considerar-se desempregado ou subempregado. Na realidade, está apenas sem um emprego assalariado que lhe dê os direitos de assistência de saúde e aposenta-

O que é Trabalho 81

doria junto ao aparelho estatal. Não possui a garantia de um salário fixo; talvez não possa gozar do convívio regular de colegas, não tenha logo a oportunidade de pertencer a uma associação ou sindicato, nem possa reivindicar melhores salários ou condições de trabalho. Mas é possível que esse desempregado autônomo não só trabalhe efetivamente mais do que um assalariado, mas também chegue a ganhar uma renda maior do que o salário de seu colega de emprego fixo.

Paul Singer, conhecido economista brasileiro, distingue entre os setores de emprego: o setor de mercado, do emprego na produção capitalista propriamente dita; o setor autônomo, da produção simples de mercadorias, por artesanato ou em pequenas manufaturas; o setor de subsistência, do trabalho na produção de alimentos predominantemente para a subsistência do trabalhador e de sua família, como no campo, em certas situações onde há pequena propriedade; e o setor de emprego nas atividades governamentais. O mesmo economista comenta que hoje, na prática, emprego não se entende, em primeiro lugar, como uma atividade peculiar, no sentido técnico de trabalho ou produção, mas sim como recurso de acesso, mesmo que parcial e defeituoso, a uma parte da renda e, conseqüentemente, ao consumo. As pessoas trabalham antes para poder consumir do que propriamente para produzir alguma coisa.

Ante o problema do desemprego, a sociedade reage de modo variado, conforme o diagnóstico que se faz das causas do desemprego. Quando se pensa que os desempregados o são porque não desejam trabalhar, o sistema aperfeiçoa as formas de repressão à vadiagem, por leis repressivas ao próprio desemprego. Quando se percebe que os desempregados são involuntários, e que os que poderiam dar emprego não o fazem, então, as estratégias de combate ao desemprego e as políticas são outras: ou se procuram criar novos empregos pela expansão das obras públicas e outras atividades; ou se concedem subsídios às empresas privadas, para que possam empregar maior número de trabalhadores; ou se criam colônias, campos de trabalho. Ou se tenta dar assistência aos desempregados, através do seguro-desemprego ou pela caridade pública ou privada. O seguro-desemprego, é uma compensação e uma garantia interessante conquistada pelos trabalhadores na maioria dos países da Europa, nos Estados Unidos, no Peru, no Uruguai e no Brasil. Se se reconhece que são os azares da economia de mercado que ameaçam as pessoas de ficarem provisória ou permanentemente à margem do sistema de trabalho, não podemos considerar menos que um direito, e mínimo, este de uma renda emergencial para o trabalhador e seus eventuais dependentes no desemprego.

É claro que a instituição do salário-desemprego não resolve todos os aspectos nem os mais essenciais do problema. É bom que se repita que o esforço por minorar as conseqüências do desemprego não deve fazer esquecer suas causas, que têm a ver com o próprio modo de produção capitalista.

Não só o Estado, também a sociedade civil tem desenvolvido estratégias para combater ou minorar os efeitos ou mexer com os mecanismos do desemprego. Os sindicatos, se não conseguiram organizar e mobilizar os desempregados para lutar por seus interesses – o que oferece dificuldades óbvias, pois os desempregados estão muito ocupados em sobreviver, apesar do seu problema –, vêm indiretamente combatendo o desemprego: na luta pela proteção dos empregos, pela estabilidade no emprego e pela redução da jornada de trabalho. Essa redução da jornada tenderá a possibilitar uma melhor distribuição do trabalho existente por maior número de trabalhadores. A distribuição mais eqüitativa da renda dessa sociedade passa por uma melhor distribuição do trabalho. Menos trabalho mais bem remunerado para maior número de trabalhadores é tão importante quanto diminuir as taxas de juros ou lucros do capital.

Outra distinção hoje ainda muito polêmica, e que Paul Singer esclarece, é a que se refere ao conceito de trabalho produtivo ou improdutivo. Desde Adam Smith e Marx convivem em guerra pelo menos dois ou três conceitos ou critérios de avaliação da produtividade de um trabalho.

Na acepção mais restrita, do ponto de vista do capital, o trabalho só é produtivo quando cria valor, mais valor – valor maior do que é consumido, e, portanto, dê lucro para a empresa em que se realiza. Numa acepção mais ampla, será produtivo todo trabalho que criar bens de consumo ou serviços que se destinem a satisfazer necessidades humanas. Para alguns, ainda, só se considera produtivo o trabalho que se materialize em objetos; nesse sentido, os serviços não seriam produtivos.

Há algumas complicações e nuanças em torno desses conceitos. Pode-se distinguir, por exemplo, entre trabalho necessário e excedente, conforme a destinação de seu produto. Tranqüilamente necessário, indiscutível, é o produto que satisfaz às necessidades materiais básicas de consumo dos produtores: o leite, o pão, o feijão com arroz dos camponeses. Por isso há consenso entre os economistas de que o trabalho do agricultor é produtivo. Para os fisiocratas, pensadores da economia contemporâneos do início do capitalismo, só mesmo os que se dedicam ao cultivo da terra de fato provêm o seu sustento (como o dos demais).

Já há discussão entre os especialistas quando se considera o consumo dos não-produtores. Mas as coisas se complicam ainda mais quando se destaca o esforço necessário mas improdutivo, como, por exemplo, no trabalho do contador. Marx considerava a contabilidade uma atividade improdutiva, mas também lhe era claro que, para poder funcionar bem, a produção social precisa do trabalho do contabilista. E que dizer da atividade do operário que trabalha em uma fábrica de armamentos? Se a guerra for julgada como humanamente

O que é Trabalho   85

desnecessária, porque destrutiva e má em si, todo esse "valor" criado na fábrica de armas deve ser posto no rol do trabalho improdutivo.

É difícil situar dentro de critérios econômicos restritos algumas atividades como o trabalho dos cientistas, artistas, médicos ou professores. Só num sentido amplo a assistência à saúde, o conhecimento, a cultura e o prazer estético poderão ser incluídos como bens de consumo necessários, enquanto são respostas a carências humanas tão autênticas como a fome física. Por outro lado, os professores assalariados, mesmo quando não são produtivos junto de seus alunos, podem ser produtivos para quem os emprega, se criam mais-valia.

Quanto aos médicos, Marx pensava que, embora a conservação da saúde seja trabalho produtivo porque se refere à vida, fonte de todos os valores, o trabalho do médico deve ser minimizado na medida do possível. A boa alimentação, a educação física e saudáveis condições de trabalho, moradia e lazer devem poder evitar a doença e tornar desnecessárias as consultas médicas.

Essas distinções se tornam hoje ainda mais duvidosas quando é evidente o efeito do trabalho improdutivo sobre o daquele que produz. A ciência e a tecnologia transformam os usos e métodos de trabalho na agricultura. Tornam-se assim mediatamente produtivos. Por outro lado, os recursos e incentivos inventados pelo psicólogo do departamento de pessoal influem no comportamento do operário na linha de montagem da fábrica de leite em pó. Algumas dessas influências são claras e diretas. Outras, menos visíveis mas ainda assim existentes, como a do trabalho das escolas e dos centros de pesquisa. Estes se justificam por outros aspectos do ser dos homens, como a curiosidade e a necessidade de estímulo ou o impulso de saber, para além do estritamente econômico; satisfazem carências para além daquelas que dizem respeito à sobrevivência material; mas não estão totalmente desligadas do âmbito da sobrevivência, e têm influência, direta ou indireta, nos resultados da produção.

Sobre o pano de fundo dessas realidades, vale abrir um parêntese sobre a reprodução, conservação e constante atualização da força viva de trabalho. É por aí que é possível começar a repensar a questão do trabalho doméstico, em geral realizado por mulheres. De início, há várias distinções a lembrar:

O trabalho encomendado pela fábrica e realizado em casa é uma espécie de trabalho doméstico, mas sua contribuição para a produção social não é questionada. Faço em casa a trama das tiras de couro para a sandália que o industrial de Novo Hamburgo me encomendou, mas naquele instante sou uma operária: estou indiretamente ligada à linha de montagem, embora não receba um salário fixo, e por causa disso não tenha as vantagens da previdência social nem participe das lutas do sindicato dos operários da indústria de calçados.

Ao lado deste trabalho produtivo ligado à ordem industrial e capitalista, que dá claramente lucro ao empresário, no âmbito da casa se realiza uma outra produção de objetos, de feição artesanal, informal, na forma de "prendas domésticas", labores domésticos, tais como a produção de rendas ou roupas de malha, tricô e crochê, que, se não entram no conceito de trabalho produtivo segundo o capital, nem devolvem em lucro a força empenhada e os seus custos – o que só ocorre quando o trabalho é feito para vender –, com certeza serão usados pela produtora e sua família, e nesse sentido são trabalho que produz bem de uso, portanto, trabalho produtivo em seu sentido mais amplo, além de que o é também porque produz objeto material.

Pode parecer discutível a produtividade deste meu trabalho quando o realizo em horas de lazer, como *hobby*, depois do trabalho assalariado. Só o caráter do meu *hobby* poderá garantir ou negar que ele satisfaça necessidades minhas ou do meu grupo. Assim, se coleciono selos, pode ser questionada a produtividade ou não desta tarefa de colecionador. Ela pode valer como registro histórico, produção para os museus, base e matéria-prima para posterior trabalho do historiador, do professor de história, da escola, da produção de revistas históricas, etc. Mas se teço roupas de inverno que vão aquecer os corpos de meus filhos nos dias frios, comprovo cabalmente a dimensão produtiva do meu trabalho doméstico, ainda que considere esta atividade gratuita como lazer; mesmo que não me dê lucro nem reponha os gastos consumidos, nem para mim nem para outrem, porque não vendo o meu produto.

Na acepção mais comum da expressão, contudo, trabalho doméstico é entendido como o labor da casa, o serviço à família, que se realiza exclusivamente no âmbito privado, e como esforço isolado, muitas vezes solitário. A empregada doméstica o faz por salário na casa de outrem; mas não está livre de continuá-lo em sua própria casa, na volta do emprego. E as donas-de-casa o exercem como obrigação não remunerada. Até bem pouco tempo, era crença indiscutível que este serviço doméstico era a primeira obrigação do exército silencioso das mulheres. Preparar alimentos, cozinhar, lavar roupas, remendá-las, passar a ferro, recolher, guardar, secar, limpar, lustrar, são tarefas que continuam a ser realizadas em grande parte em casa, sem remuneração, e por mulheres, mesmo quando estas também trabalham (e produzem mais-valia) em outra situação: no escritório, na fábrica, na loja, na escola.

A mais complexa e também a mais importante dessas tarefas, além da fabricação caseira das refeições – que garantem a reprodução da força de trabalho atual, dos homens e de todos os adultos ou adolescentes da família que já exercem alguma atividade produtiva – é o cuidado das crianças.

O que é Trabalho 89

Isto, mesmo se se quer ficar no plano estrito da economia, entendendo as crianças como futura força viva de trabalho.

A mais escondida tarefa de cuidado de um nenê é, portanto, de primeira relevância para a economia, não só para a renovação social como para a segurança da geração hoje adulta. Aquela história lugar-comum de "jovem igual a homem de amanhã" é uma afirmação para ser levada a sério. Criar um menino nada tem de labor inútil, por ser privado e sem salário. Os meninos e meninas não só ocupam lugar e pesam sobre as costas dos adultos de hoje; são eles que amanhã, no plano social, levarão em suas costas o peso dos velhos.

Se muitos gostariam de se recusar a isto, talvez seja porque não receberam o reconhecimento do seu valor no começo de suas vidas.

Porém, cuidar de crianças de tal modo e com tal consciência, e quem sabe, reivindicar salário e aposentadoria como retribuição a este serviço doméstico – que passe a ser reconhecido como econômica e socialmente produtivo, como de fato é –, não esgota a questão nem encerra o problema que aí aparece do ponto de vista do trabalho vivo.

Se uma mulher, por exemplo, cuida do seu bebê em tempo integral, guardando na gaveta o diploma de química ou física, há aí uma sobra, um desperdício, uma falta de aproveitamento de força viva de trabalho, que não pode ser esquecida porque na realidade se está ajudando à formação da futura geração trabalhadora. Isto sem dizer nada sobre os aspectos psicológicos e existenciais da situação.

Nos países ricos, na passagem do século XIX para o XX, como resultado da luta dos operários e suas reivindicações de melhoria de salários e condições de vida, diminuiu na classe de trabalhadores da indústria a percentagem de participação da mão-de-obra feminina; no mesmo momento histórico em que uma nova mulher era reivindicação de grupos feministas e socialistas, e que as mulheres das classes médias saíam à luta. Foi graças ao poder de barganha conquistado pelos sindicatos no fim do século passado que, em muitos países, como na Inglaterra, a classe operária conquistou o "direito de manter em casa mulher e filhos", o que significava direito à vida familiar e aos serviços que dela decorrem: comida feita em casa, condições especiais de conforto, etc. As reações – tão difíceis de vencer – contra o movimento de emancipação das mulheres do serviço doméstico talvez tenham aí uma de suas motivações mais fortes: seria a percepção subconsciente da sociedade e das classes trabalhadoras de que tais tarefas subvalorizadas são altamente significativas e economicamente essenciais. E de que, se elas não forem realizadas em casa e gratuitamente pelas mulheres, terão de ser pagas e organizadas socialmente. Por outro lado, a reação das próprias mulheres contra o serviço doméstico talvez seja às vezes mais violenta ainda por causa desse mal-entendido. Pois embora o reconheça sub-repticiamente como produtivo, a sociedade assim não o faz abertamente; e, se possível, essa tarefa será cobrada como segunda ou terceira jornada de uma mulher. O serviço doméstico se torna o plano onde se acentua a superexploração das mulheres.

Embora proporcionalmente diminuindo na classe operária, o número de mulheres no trabalho social continuou a crescer no século XX, muito especialmente no setor de serviços, que é onde o mercado de trabalho se expande. As mulheres saem de casa para trabalhar como secretárias, enfermeiras, professoras, burocratas, recepcionistas, psicólogas, médicas, atividades todas que têm algo das realizadas outrora gratuitamente pela mãe na família. Mesmo nos casos das que, permanecendo em casa, contam com o auxílio de outra mulher para o serviço doméstico, o problema não está resolvido. Agora não é mais uma, mas são duas mulheres na faina da espécie e da sobrevivência, na reprodução da força de trabalho atual e futura, com suas outras capacidades não desenvolvidas. As energias e qualidades que sobram, em nível de subemprego, desvio profissional ou desemprego, são trabalho vivo que não se realiza. Com todas as suas possíveis conseqüências negativas, não só econômicas, mas psíquicas e sociais, em suma, antropológicas, políticas.

Não desejo dar por terminado este assunto sem trazer aqui, quando se está considerando o que é trabalho produtivo e o que não parece ser, a problemática de um trabalho típico de nosso tempo: o trabalho social propriamente dito. Nele se inclui toda ação organizada que vise reduzir a inadaptação social ou que é explícita ou implicitamente preventiva da inadaptação de um indivíduo ou de um grupo. Podemos considerar trabalhador social desde o reeducador até o animador cultural, passando pelo psicólogo escolar e o assistente social.

A origem deste trabalho social está nos voluntários de beneficência do passado. A profissionalização o vai ligar a todos os outros serviços modernos de saúde, educação, etc., ao salário, à formação técnica, à sindicalização, e à separação de um tempo livre que não deve ser invadido pela ação profissional. Os trabalhadores sociais de hoje talvez ainda lutem contra a má consciência de fazer caridade por pagamento. Não podem sempre evitar a influência de sua ideologia sobre o seu trabalho e se encontram num certo mal-estar, pois têm de conciliar o desejo de transformar a sociedade com a pressão para servi-la, como funcionários de sua conservação. Este mal-estar atinge os assistentes sociais mas também os sociólogos e muitos educadores.

O trabalho social vem acompanhado de um certo desprezo de quem faz outro trabalho produtivo no sentido estrito, tanto na produção de bens essenciais à sobrevivência como na produção de coisas úteis ou belas, ou no que o capital julga produtivo porque dá lucro. Trabalho social só mediatamente dá vantagens ao sistema,

O trabalho doméstico da mulher não é considerado uma atividade produtiva.

na medida em que pode levar a modificar o comportamento dos produtores e, assim, afeta a produção.

Não se pode considerar o trabalho social de readaptação exatamente um serviço à saúde, mesmo quando se pensa em saúde mental e em saúde mental comunitária. Mas tem, sim, algo a ver com a "saúde do corpo social" e assim, indiretamente, também age sobre a saúde dos indivíduos.

Há quem julgue o trabalho como um dever. É o que aparece na concepção puritana de vida. É o que acaba sendo acentuado em algumas versões da sociedade industrial. E se nos deixarmos empolgar pela visão positiva do trabalho, mesmo na sua concepção humanista, renascentista, o trabalho não só é um dever, mas um direito, pois através dele o homem é homem, se faz, aparece; enquanto cria, entra em relação com os outros, com o seu tempo, cria o seu mundo, se torna reconhecido e deixa impressa no planeta em que vive a marca de sua passagem.

Mas... e se for possível suprimir quase todo o trabalho pelo progresso da automação? Sem maior necessidade de esforço físico para produzir e atender a suas necessidades básicas, o homem se esgota, se extingue, morrerá? Como sobreviverão as massas dos séculos vindouros, se não forem empregadas para produzir a sua sobrevivência e a do sistema em que estiverem? Saberemos descobrir o modo de distribuir a riqueza sem uma distribuição do trabalho?

O que é Trabalho   95

Para aceitar como uma boa chance a chegada de um mundo onde a produção de alimentos e de objetos necessários possa ser facilmente providenciada pelas máquinas com alto nível de automação, é preciso superar a loucura do trabalho, aquela que Paul Lafargue via como a doença do tempo burguês. Para isso teremos de pressupor que a identidade de uma pessoa transcende, em grandeza e dignidade, tudo o que ela possa fazer ou produzir; cabe enxergar que os homens não se identificam perfeitamente com suas obras e têm uma carência de respeito acima delas. Seria reconhecer com Hannah Arendt que, no caso do gênio criador, é para a sua aflição e não para a sua glória que se subverte nele a supremacia do homem sobre a sua obra. Pois o criador vivo se vê concorrendo com suas criações às quais se sobrepõe, ainda que elas possam vir a resistir mais ao tempo.

A relação do produtor com os seu produto, do criador com sua obra, não pode ser de tal identificação que nos cegue para perceber o homem por trás da obra perfeita, ou o homem maior detrás daquela outra obra menos realizada. As obras não refletem seus criadores num espelho fiel. Há as que lhes ficam aquém; há as que os superam. Alguém disse de Oswald de Andrade que ele não aparece inteiro em sua obra; que esta não lhe faz justiça. Esta frase, dita entre acadêmicos germânicos, pode causar risos irônicos, pois para certas mentalidades muito objetivas homem e obra se dão o exato testemunho, sem outro; mas convém pensar melhor sobre ela. O paralítico cujo olhar e sorriso nos transmitem uma força peculiar não pode provar pelo trabalho a sua identidade, a qualidade e o mistério de sua vida. E ele tem carências as mais materiais que uma coletividade digna da denominação humana deverá levar em conta, respeitar e procurar atender. Isto não é o mesmo que premiar o ocioso, o que vive sem esforço ou da exploração do trabalho alheio. Mas considerar, ao contrário, a realidade das carências de todos, para que se peça de cada um conforme as suas capacidades, e se dê a cada um conforme as suas necessidades.

O QUE O TRABALHO AINDA NÃO É, MAS PODE SER

A cada um segundo sua necessidade e de cada um conforme a sua capacidade é a regra do socialismo; isto é, deve se tornar a regra da ordem ideal do comunismo. Segundo Ernest Borneman, escritor alemão contemporâneo, esta é uma regra que só as mães sabem praticar; portanto, um bom socialismo precisa de uma sociedade maternal. Uma sugestão polêmica, sem dúvida. Borneman se fundamenta na constatação de que entre os elementos estruturais da sociedade de clãs matrilineares do mundo antigo, o trabalho seria concebido como fonte de prazer; o acento seria posto na criatividade, sobre a produtividade; o trabalho seria o produto da alegria de criar, satisfação análoga à atividade do artista, do pensador, do amador que exerce toda espécie de ofícios. Já nas sociedades patriarcais, como o patriarcado greco-romano, o trabalho é concebido como meio de ganhar dinheiro; o acento é posto sobre o rendimento e o consumo; o trabalho é concebido como uma pena inevitável, em função do princípio patriarcal segundo o qual se deve também fazer coisas que não trazem nenhuma satisfação.

Numa sociedade feliz, sem classes, o objetivo supremo não será mais o rendimento, o desempenho, mas a criação. O trabalho não será mais uma carga que o homem suporta apesar dele mesmo porque sem ele não sabe do que viveria. A vida de todos os membros da sociedade será assegurada independentemente de seus desempenhos e façanhas. De modo que o trabalho poderá tornar-se, enfim, uma atividade com sentido. Revestir aos olhos dos homens aquele sentido que já tem para o sábio e o artista. O ideal de uma sociedade progressista não deve ser aquele da luta, da concorrência, da inveja e da agressividade. Só pode ser o do processo criativo que vemos na atividade do pesquisador, do sábio ou do artista. Um pesquisador não dirige a sua pesquisa no objetivo de bater-se com um outro. O escritor não escreve porque se sente em concorrência com um outro e quer vencê-lo. O pintor não faz seus quadros para produzir mais do que seu vizinho. Quem cria não tem necessidade de aniquilar outros criadores, porque sua energia está empregada na criação. Quem cria não sofre de medo do vizinho, nem desse medo de sua própria inferioridade que conduz à agressividade e à justificação da violência. Quem consegue criar passa uma energia boa para os outros; a criação pode ser a base de uma vida social mais feliz.

Por outro lado, uma nova sociedade não se constrói sobre sonhos abstratos. Cornelius Castoriadis, o filósofo político e psicanalista greco-francês atualmente muito discutido, nos diz que o conteúdo do socialismo pode ser concretamente sintetizado assim: a transformação do mundo do trabalho pela gestão operária. A gestão operária transformando o mundo do trabalho. Para continuar buscando aquela sociedade onde se respeitem as capacidades e necessidades de cada um, temos à nossa frente a luta pelo mundo do trabalho transformado pela gestão operária. Segundo Castoriadis: "A gestão operária não quer dizer que indivíduos de origem operária sejam nomeados no lugar dos atuais dirigentes, mas sim que a produção, em todos os níveis, seja dirigida pela coletividade dos trabalhadores: operários, empregados e técnicos. As questões que afetam a oficina ou o departamento são decididas pelas assembléias dos trabalhadores da oficina ou do departamento em jogo. As questões urgentes são decididas por delegados eleitos e revogáveis a qualquer momento. A coordenação entre duas ou várias oficinas ou departamentos é assegurada por reuniões dos respectivos delegados ou por assembléias comuns. A coordenação ao nível do conjunto da empresa e as relações com o resto da economia são tarefa dos conselhos operários, compostos dos delegados eleitos dos diversos departamentos. As questões fundamentais são resolvidas por assembléias gerais compreendendo todos os trabalhadores da empresa considerada. A instauração da gestão operária é o que permitirá começar imediatamente a eliminar as contradições fundamentais da produção capitalista. A gestão operária marcará o fim da dominação do trabalho sobre o homem, e o começo da dominação do homem sobre seu trabalho".

INDICAÇÕES PARA LEITURA

Você pode completar o primeiro capítulo deste pequeno livro buscando a visão de Joan Robinson sobre a evolução econômica, principalmente no livro *Liberdade e necessidade*, Rio de Janeiro, Zahar, 1971. Para completar a reflexão sobre o trabalho no mundo contemporâneo, pode conferir pessoalmente: de Hannah Arendt, *A condição humana*, São Paulo, Forense/USP, 1981; de Wright Mills, *A nova classe média*, Rio de Janeiro, Zahar, 1976; de Erich Fromm, *O conceito marxista do homem*, Rio de Janeiro, Zahar, 1979; de Karl Marx, pelo menos o capítulo V do livro I de *O Capital*, Rio de Janeiro, Civilização, 1980; e de Herbert Marcuse, *A ideologia da sociedade industrial*, Rio de Janeiro, Zahar, 1969.

Sobre a história das idéias e preconceitos que têm cercado o trabalho em nossa cultura, você pode encontrar minhas fontes e outros esclarecimentos em *Mito* e *pensamento entre os gregos*, de Jean-Pierre Vernant, São Paulo, DIFEUUSP, 1973; em *Filosofia da práxis*, de Adolfo Sánchez Vázques, Rio de Janeiro, Paz e Terra, 1977; e *A ética protestunte e o espírito do capitalismo*, de Max Weber, São Paulo, Pioneira/Brasília, UnB, 1981, além dos outros acima citados.

Para diminuir suas dúvidas a respeito da relação trabalho produtivo e improdutivo, leia diretamente Paul Singer. Procure artigos em revistas como a de *Economia política*, vol. 1, n° 1, Brasiliense, jan.-mar., 1981, ou *Novos Estudos*, CEBRAP, São Paulo, 1985; mas principalmente o livro *Economia política do trabalho*, São Paulo, HUCITEC, 1977.

As obras de Oskar Negt, filósofo alemão contemporâneo, marxista crítico, podem lhe dar novas pistas para refletir sobre o problema do trabalho vivo no mundo de hoje. Em português, encontra-se *Dialética e história*, Movimento e Instituto Goethe do Brasil, em tradução do Ernildo Stein.

Se for leitor mais experiente deve ler *Trabalho e reflexão*, de José Arthur Giannotti, São Paulo, Brasiliense; pelo menos, o capítulo *O ardil do trabalho*.

A fim de alimentar a sua imaginação utópica e o seu ânimo para a luta política, procure ler *O direito à preguiça*, de Paul Lafargue, publicado em português pela Global, 1977.

Não deixe de ler *Socialismo ou barbárie*, de Cornelius Castoriadis, São Paulo, Brasiliense, 1983.

SOBRE A AUTORA

Cidadã de Santana do Livramento, Rio Grande do Sul, na fronteira do Brasil com o Uruguai, Suzana Guerra Albornoz hoje reside em Porto Alegre e leciona na Universidade de Santa Cruz do Sul - UNISC, tendo sido por alguns anos professora na Universidade Federal de Rio Grande - FURG. Graduada em Ciências Sociais pela PUCRS, mestre em Filosofia pela UFRGS, doutora em Filosofia pela UFMG, Belo Horizonte, estudou também na EHESS, em Paris. Além deste livro, entre outros, publicou: *Por uma educação libertadora* (1976); *Maria Wilker* (1983); *Ética e utopia. Ensaio sobre Ernst Bloch* (1985); *O exemplo de Antígona* (1999); *O enigma da esperança* (1999); *Violência ou não-violência* (2000); e *As mulheres e a mudança nos costumes* (2008).